5 선거와 투표

교실 속 작은 사회

선거, 누구에게 투표해야 할까요?

5 선거와 투표

교실 속 작은 사회

선거, 누구에게 투표해야 할까요?

채봉윤 글
이승연 그림

어크로스 주니어

추천사

★★★★★

우리 아이들이 살아가는 학교와 교실에서 실제로 일어나는 생생한 사례들을 담은 이 책과 만나게 되어 참 반갑고 고맙습니다. 아이들도 때로는 혼자 끙끙 앓으며 어떻게 해야 할지 몰라 마음을 졸이고는 합니다. 이 책은 그런 순간마다 또래 친구들과의 이야기 속에서 실마리를 발견하고, 자신의 속마음을 들여다보며 해결의 실마리를 찾을 수 있도록 이끌어 주는 따뜻한 마중물이 되어 줍니다.

이 책은 생활 속 갈등과 고민을 공감과 성찰을 통해 평화롭게 해결하는 과정을 자연스럽게 보여 줍니다. 자칫 무겁고 어렵게 느껴질 수 있는 주제들을 일방적인 설명이나 훈계가 아니라, 어린이들이 스스로 판단하고 성장할 수 있도록 안내하는 방식이 무엇보다도 매력적입니다.

〈교실 속 작은 사회〉 시리즈는 어린이들뿐 아니라 아이들의 마음을 더 깊이 이해하고 싶은 부모님과 선생님들께도 꼭 추천드리고 싶습니다. 평화로운 교실과 세상을 꿈꾸는 모든 분들과 함께 읽고 싶은 책입니다.

- 전국초등사회교과모임

추천사

★★★★★

푸르른 새싹이 돋아나는 3월, 울긋불긋 나뭇잎이 가을빛으로 물드는 9월이 되면 학생들은 선거를 치릅니다. 선거 운동부터 투표, 개표에 이르기까지 민주주의를 온몸으로 경험하는 시간이지요. 그뿐만 아니라 중요한 의제가 생기면 학급 회의를 열어 해결하고, 학교생활 속 불편함이 있으면 의견을 모아 개선을 요구합니다. 그럼에도 아이들은 '민주주의'라는 단어 앞에서 고개를 갸웃합니다. 자신들이 매일 경험하고 실천하는 이 모든 과정이 바로 민주주의라는 사실을 미처 깨닫지 못하기 때문입니다.

이 책은 선거와 투표를 통해 아이들 마음속에 민주주의가 자라나는 모습을 자연스럽고 솔직하게 담아냅니다. 친구들과 나누는 공약 이야기, 학교에 꼭 필요한 일을 해낼 리더를 뽑는 과정, 선택 이후에 이어지는 피드백까지. 특히 리더가 되지 않아도 민주주의를 실천할 수 있고, 각자의 자리에서 참여하는 것 또한 민주주의의 소중한 모습이라는 것을 여실히 보여 줍니다.

'민주주의'라는 말에 물음표부터 떠올리는 학생들에게 이 책을 건네 보세요. 아이들이 스스로 "아, 내가 겪고 있는 이 모든 것이 바로 민주주의구나." 하고 깨닫는 순간을 만나게 될 것입니다.

- 임수경(교사, 좋아서하는어린이책연구회 운영진)

등장인물

진유정

처음으로 학급 회장 선거에 출마한다. 소극적이고 목소리도 작으며 자신감이 없지만, 선거의 문을 두드려 본다.

나수현

진유정의 단짝으로, 적극적이고 활발한 성격이다. 시든 식물에 물을 주듯 용기가 없는 유정이를 격려한다.

오재호

항상 자신감이 넘치고 재미있는 성격의 소유자이다. 뛰어난 개그감으로 인기가 많지만, 과연 재밌기만 한 게 좋은 걸까?

문예승

시원시원한 성격이다. 장래 희망이 아이돌이라 춤과 패션에 관심이 많다.

배도리

사람의 도리를 지키라는 의미로 지은 이름이다. 할 말은 참지 않고 꼭 하며, 논리적이고 똑 부러진다.

박시민 선생님

학생들의 의견을 존중하고 열린 마음으로 대한다. 그런 선생님의 마음을 아는지, 학생들이 무척 좋아한다.

차례

2장 공약이 너무해!

3장

민주주의가 너무해!

교실 속 이야기

4장

민주주의의 꽃, 선거

교실 속 이야기

1장

선거가 너무해!

교실 속 이야기 ❶

두근두근 선거

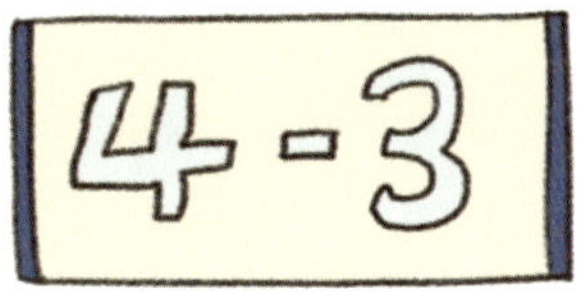

"휴!"

학교로 향하는 유정이의 발걸음이 무거웠다. 또 새 학년이 시작되었기 때문이다. 겨우 친해진 친구들이 다른 반이 되어서 모두 뿔뿔이 흩어질까 봐 벌써 조마조마했다.

유정이는 교실 문을 열자마자 구석구석을 살폈다.

'역시…….'

아는 얼굴이 보이지 않자 유정이는 얼굴이 굳어졌다. 갑자기 3학년 첫날의 기억이 떠올랐다. 친한 친구가 한 명도 없던 낯선 교실.

유정이는 친구들에게 먼저 다가가고 싶었지만, 늘 부끄러움이 앞섰다. 어쩌면 친구들이 나를 싫어할지도 모른다는 두려움도 있었다. 또다시 혼자만의 시간을 견뎌야 한다는 막막함이 몰려오는 그때, 누군가 유정이의 어깨를 툭 쳤다.

"유정아, 안녕? 너도 3반이구나."

반가운 목소리는 바로 유치원 때부터 단짝이었던 수현이었다. 순간 유정이는 눈물이 핑 돌았다.

"수현아……."

"아침부터 왜 이렇게 기운이 없어?"

"아니, 그냥……."

유정이는 말을 얼버무렸다. 아는 친구가 없을까 봐 걱정했다고 말하기에는 창피했다.

"뭐야, 또 3반이네! 벌써 네 번째 3반이야!"

커다란 목소리가 쩌렁쩌렁 울렸다. 수현이는 귀를 틀어막았다.

"아휴, 시끄러워."

“재는 누구야?”

목소리가 울린 곳을 쳐다보니 커다란 캐릭터가 그려진 티셔츠를 입은 남자아이가 있었다.

“오재호라고 몰라? 엄청 유명한데. 재랑 같은 반이 되면 하도 웃겨서 배꼽이 빠진다는 소문이 있어.”

“그래?”

재호는 금세 남자아이들에게 둘러싸였다. 주변이 왁자지껄했다.

적극적이고 활발한 수현이는 친구들을 많이 알고 있었다. 아이돌이 꿈이라 춤과 패션에 진심이라는 문예승, 질서와 규칙을 칼같이 지킨다는 배도리, 축구를 무척이나 사랑한다는 김민재까지. 수현이 덕분에 유정이는 낯선 교실이 조금 익숙해졌다.

또다시 교실 문이 열렸다. 유정이는 이번에 어떤 친구가 들어올지 궁금했다. 기대와는 달리 선생님이었다.

"와!"

아이들이 환호성을 질렀다. 작년 3학년 1반 담임이었던 박시민 선생님은 아이들의 의견에 귀를 잘 기울여 주고, 체육도 많이 해서 인기가 있었다.

선생님은 4학년 학교생활에 대해 이야기해 주었다. 3학년 때와 달리, 4학년 때는 학급 회장과 부회장을 선출한다고도 했다. 각 반 회장단이 모여서 전교 어린이 회의에 참가한다는 사실도 말이다.

"우리 반 회장은 당연히 재호겠지?"

민재의 목소리가 날아와 유정이의 귀에 꽂혔다.

'당연히?'

유정이 아빠는 길고 짧은 건 대봐야 아는 거라고 말했다.

'나도 해 볼까…….'

유정이의 마음 깊숙한 곳에서 갑자기 실낱같은 용기가 퐁퐁 솟아올랐다. 가슴이 콩닥콩닥 뛰기 시작했다.

선생님이 유정이의 마음을 알아챈 것처럼 말했다.

"당연한 건 없단다. 4학년 3반 학생이면 누구나 회장이 될 수 있지."

아이들이 고개를 끄덕였다. 선생님은 선거에 입후보하고 싶은 학생은 이번 주 금요일까지 선거 서류를 내라고 했다.

쉬는 시간이 되자, 아이들은 선거 이야기로 들떴다.

"나도 회장 선거에 나가 볼까?"

"우리 반 회장은 누가 될까?"

수현이는 화장실에 가자며 유정이의 손을 이끌고 복도로 나왔다. 유정이는 조심스레 수현이에게 물었다.

"넌 회장 선거에 안 나가?"

"나? 음……."

수현이는 잠시 생각했다.

"난 그냥 편한 게 좋아. 회장이니, 부회장이니 책임질 일만 많아지잖아."

"그래도 우리 반을 위해 일할 수 있는 기회 같지 않아?"

유정이의 말에 수현이는 눈이 동그래졌다.

"혹시 유정이 너도 회장 선거에 관심 있어?"

"그게……."

유정이의 눈동자가 바닥을 향했다. 말은 꺼냈지만 자신이 없었기 때문이다. 그러나 유치원 때부터 단짝이었던 수현이가 유정이의 마음을 눈치채지 못할 리 없었다.

수업이 모두 끝나고 집에 가려고 할 때였다. 복도를 걷다가 교실 앞문을 지날 때쯤, 수현이가 유정이의 등을 교실 안으로 떠밀었다. 유정이는 엉거주춤 교실 안으로 들어가게 되었다.

박시민 선생님과 유정이의 눈이 마주쳤다. 유정이는 왠지 모르게 얼굴이 빨개졌다. 유정이가 우물쭈물하고 있자 선생님이 먼저 말을 꺼냈다.

"아, 유정이도 선거에 입후보하고 싶구나."

선생님은 유정이에게 선거 서류를 내밀었다. 유정이는 쭈뼛쭈뼛 서류를 받았다.

"선생님, 몇 명이나 서류를 받아 갔어요?"

수현이가 문 뒤에서 빼꼼히 얼굴을 내밀며 물었다.

"글쎄……. 다섯 명 정도 받아 갔나?"

선생님이 머리를 긁적이며 대답했다.

'다섯 명이라고?'

유정이는 하늘이 쿵 무너지는 것 같았다. 당장이라도 선거 서류를 반납하고 싶었다.

"행운을 빈다."

눈을 찡긋하며 웃는 선생님이 아니었다면 말이다.

"잘할 수 있을 거야."

수현이는 언제나처럼 유정이에게 용기를 줬다. 하지만 유정이는 머리 위에 먹구름이 잔뜩 낀 것만 같은 기분이었다.

어쩌면 나도?

유정이는 축 처진 어깨로 집에 들어갔다.

"우리 딸, 무슨 일 있어?"

기운 없는 유정이의 모습을 보고 엄마가 물었다. 유정이는 고개를 절레절레 흔들었다. 하지만 언제까지 숨길 수도 없는 노릇이었다. 선거 서류는 등록 원서와 동의서로 되어 있는데, 그중 동의서는 보호자의 서명을 꼭 받게 되어 있었기 때문이다.

유정이는 엄마에게 학급 회장 선거 서류를 내밀었다.

엄마는 놀란 눈치였다. 늘 소극적이고 조심스러운 유정이가 선거에 출마할 거라곤 상상도 못 했기 때문이다. 한편으로는 반갑기도 했다. 엄마는 내심 그동안 유정이가 하고 싶은 걸 당당하게 선택하기를 바랐다.

"유정아, 회장 선거에 나가려고?"

"……."

유정이는 말없이 서류 끄트머리를 만지작거렸다. 나가고 싶지만 동시에 나가기 싫은 마음을 엄마는 알까?

"나가고 싶은데, 떨어질까 봐 걱정돼요."

유정이는 겨우 속마음을 털어놓았다. 엄마는 유정이를 꼭 안아 주었다.

"떨어지면 어때? 하고 싶으면 우선 해 보는 거야."

엄마는 모든 일이 다 피가 되고 살이 되는 경험이라고 했다. 회장 선거에 출마해 본 일이 나중에 어떻게든 도움이 될 거라고. 유정이는 엄마와 함께 등록 원서와 동의서를 작성했다.

조금 뒤 아빠가 집으로 돌아왔다. 세 식구는 식사하기 위해 식탁에 둘러앉았다. 텔레비전에서는 저녁 뉴스가 흘러나오고 있었다.

"우리 유정이가 회장 선거에 나간대."

"켁."

엄마의 말에 유정이는 목구멍에 두부가 걸릴 뻔했다. 아직 아빠에게 이야기할 마음의 준비가 안 되었기 때문이다.

"진짜야?"

아빠의 물음에 유정이는 고개를 푹 숙였다. 아빠는 잠시 멈칫하더니 곧 밝은 목소리로 이야기를 꺼냈다.

"하하, 유정이가 아빠를 닮았구나. 아빠도 회장 선거에 여러 번 나가 봤지."

"정말요?"

유정이가 고개를 들어 아빠를 바라봤다.

"그럼. 그나저나 임원은 몇 명이나 뽑는 거야?"

"회장은 한 명, 부회장은 두 명을 뽑아요."

아빠의 눈이 휘둥그레졌다.

"그렇게나 많이 뽑아? 지금은 한 반에 25명밖에 안 되는

데? 아빠 초등학생 때는 한 반에 40명이 넘었다고."

유정이가 다시 시무룩해졌다. 회장과 부회장을 합쳐서 세 명이나 뽑는다고 해도 당선될 자신이 없었기 때문이다. 엄마가 아빠에게 찌릿, 매서운 눈빛을 보냈다.

"회장과 부회장은 한 반의 리더잖아. 리더가 여러 명이어야 서로 지혜를 모아 학급을 이끌어 가지."

엄마의 말에 아빠가 고개를 끄덕이며 어설프게 웃었다.

"큼큼. 그래, 그렇고말고. 그나저나 유정이가 회장 선거에 나간다니 축하할 일이야."

"축하요?"

유정이가 물었다.

"그럼. 축하할 일이지."

"떨어지면 어떻게 해요? 창피할 것 같아요."

"떨어지면 어때? 용기를 내서 도전한다는 것 자체가 대단한 거야."

유정이는 아빠의 말이 무슨 뜻인지 알 듯 말 듯했다. 하지만 왠지 모르게 회장 선거에 나가기로 결심한 자신이 조금은 자랑스러워졌다.

"지금 미국에서는……."

그때 텔레비전에서 미국과 관련된 뉴스가 나오자, 아빠가 손가락을 입에 가져다 대었다.

"쉿, 잠깐만! 대선 이야기인가 봐."

유정이네 가족은 모두 뉴스에 귀를 기울였다. 최근에는 미국 대통령을 뽑는 대선 소식이 뉴스의 단골 메뉴였다. 원래 A 후보자가 유력했는데, 아빠가 지지하는 B 후보자가 아주 적은 차이로 뒤쫓고 있다는 내용이었다.

"그렇지!"

아빠는 탄성을 질렀다.

"역시 공약이 좋으니 지지 세력이 많아지는구나."

유정이는 이해가 안 된다는 표정으로 물었다.

"아빠는 미국 대통령 선거에 왜 이렇게 관심이 많아요? 우리나라 선거도 아니잖아요."

아빠가 유정이를 바라보며 대답했다.

"세계는 다 연결되어 있어. 특히 미국의 정책은 우리나라

에 영향을 많이 준단다. 어떤 리더가 뽑히느냐에 따라 정책의 방향이 달라져. 사실 미국의 대선은 우리나라뿐만 아니라 전 세계가 주목하고 있어."

"맞아. A 후보자가 되면 관세를 많이 내야 해서 우리나라 경제가 어려워지거든."

엄마의 말에 유정이는 알쏭달쏭한 표정을 지었다.

"아무튼 유정아, 길고 짧은 건 대봐야 아는 거야. 알지?"

아빠가 유정이를 향해 파이팅을 외쳤다.

"또 그 소리. 이제 바꿀 때도 되지 않았어?"

"이 말은 변하지 않는 진리라고."

엄마와 아빠의 실랑이가 시작됐다. 그 덕분일까? 유정이의 마음에 용기가 몽글몽글 피어올랐다.

'어쩌면 나도 할 수 있지 않을까?'

자신은 없지만, '그냥 해 보면 되지.' 하는 생각이 들었다. 그리고 열심히 하면 B 후보처럼 예상하지 못한 결말을 얻을 수 있다는 믿음도 생겼다.

01
대표를 뽑는 이유

우리 주변을 둘러보세요. 규모가 크든, 작든, 어느 집단이든 대표가 있습니다. 학급에는 회장이, 학교에는 교장이, 마을에는 이장이, 시에는 시장이, 나라에는 대통령이 있지요. 이렇게 대표를 뽑는 이유가 무엇일까요?

① 여러 사람을 대표해요

우리가 살아가는 사회는 다양한 사람으로 구성되어 있습니다. 생각도, 가치관도 모두 다릅니다. 민주주의 사회에서는 개개인의 의견이 중요해요. 하지만 사람이 너무 많으면 다 같이 이야기를 나누기 어렵지요. 그래서 대표를 뽑아서 우리의 의견을 대신 말하게 합니다.

즉, 민주주의에서는 모두의 의견을 모으기 위해 대표를 뽑는 거예요. 그리고 대표를 뽑는 방법이 바로 선거입니다. 사람들은 투표를 통해 우리 집단의 목소리를 대변할 리더를 선출해요.

대표는 모두를 위한 사람입니다. 따라서 혼자만의 생각이 아니라, 여러 사람의 의견을 듣고 전체에 도움이 되는 방향으로 행동해야 하지요. 이게 바로 민주주의에서 대표가 하는 중요한 역할이라고 볼 수 있습니다.

② 결정된 사항에 책임을 져요

대표는 책임을 지는 사람이기도 해요. 회의나 투표를 통해 결정된 집단의 의견을 수행하고, 그에 따라 발생하는 결과에 책임을 지지요. 대표에게는 여러 일을 결정할 수 있는 권한이 있지만, 그만큼 져야 할 책임도 크답니다.

③ 독재를 방지해요

민주주의와 독재의 차이점을 알고 있나요? '민주'는 주권이 국민에게 있다는 뜻입니다. 그래서 민주주의는 여러 사람이 함께 정책을 결정하고, 법에 따라 공정하게 나라를 다스리지요. 누구나 자유롭게 말할 수 있고, 다른 사람의 의견도 존중해요. 반면에 '독재'는 한 명 또는 소수가 권력을 독점한 정치입니다. 자유롭게 말하거나 반대하면 처벌을 받을 수도 있어요. 법보다 권력자가 중요하지요.

민주주의 사회에서는 독재를 방지하고, 여러 구성원의 의견을 합리적으로 반영하기 위해 대표를 뽑습니다. 임기를 정해 놓은 것도 독재를 방지하기 위한 장치랍니다.

북한에도 선거라는 제도가 있지만, 현재 우리나라에서 치르는 선거와는 많이 다릅니다.

북한에서는 보통 5년에 한 번씩 최고인민회의 대의원 선거를 치릅니다. '최고인민회의'는 우리나라의 국회와 비슷한 역할을 하는 곳이에요. 하지만 후보자가 여러 명 나와서 경쟁하는 우리나라와 달리, 북한에서는 한 선거구에 후보자가 단 한 명만 나오지요. 이 후보자는 대부분 북한의 집권당인 조선노동당이 미리 정해 놓은 사람이에요.

'선거구'란 의원을 선출하는 단위 구역으로, 인구, 교통, 행정 구역 등의 조건을 기준으로 정한답니다.

북한도 주민들이 투표소에 가서 투표를 하지만, 사실상 선택권이 없어요. 왜냐하면 후보자가 한 명뿐이라서 찬성하려면 그냥 표를 내면 되고, 반대하려면 일부러 표시해야 하는데, 이 과정이 다른 사람들에게 다 보이기 때문에 주민들이 반대표를 던지기가 어려워요. 그래서 북한에서는 항상 투표율이 99퍼센트 이상이고, 찬성률도 거의 100퍼센트에 가깝다고 발표돼요.

결국 북한의 선거는 국민이 당의 결정을 따르고 있다는 것을 보여 주는 절차에 가깝습니다. 즉, 국민이 대표를 뽑는 진짜 선거라기보다 보여 주기 식의 선거라고 할 수 있습니다.

구분	대한민국 선거	북한 선거
선거 대상	대통령, 국회 의원, 지방 자치 단체장 등	최고인민회의 대의원
후보자 수	여러 명이 출마하여 경쟁	한 선거구에 한 명만 출마 (조선노동당이 지정)
투표 방법	비밀 투표	사실상 공개 투표 (반대표를 던지면 드러남)
선택권	유권자가 자유롭게 후보자 선택 가능	찬성 또는 반대만 표시
투표율	투표율 60~80퍼센트 정도, 당선율은 다양	투표율 99퍼센트 이상, 찬성률도 100퍼센트에 가까움
의미	국민이 직접 대표를 뽑아 정치에 참여	국민이 당의 결정을 따르고 있음을 보여 주는 절차

02
선거의 일반적인 절차

선거는 대표를 뽑는 중요한 절차입니다. 모두가 공정하게 참여할 수 있도록 정해진 순서에 따라 진행되지요. 그럼 우리나라 선거를 기준으로 한번 살펴볼까요?

1단계: 선거일 결정과 공고

선거 관리 위원회는 선거를 전체적으로 주관합니다. 선거 날짜를 정하고 알리는 일도 하지요. 보통 선거일은 정해진 날짜가 있습니다. 대통령은 5년마다, 국회 의원은 4년마다, 학급 회장 선거는 학기마다 진행하지요.

2단계: 후보자 등록

선거에 입후보하기를 원하는 사람이 자신의 의견을 표현하는 단계입니다. '입후보'란 선거에 후보자로 나선다는 뜻이에요. 입후보자는 정해진 기간 안에 선거 서류를 제출해야 합니다. 유정이네 반에서는 등록 원서와 동의서를 내야 했던 것 기억하죠?

3단계: 선거 운동(선거 유세)

선거 운동은 선거에 입후보한 사람이 자신의 생각과 공약을 다른 사람들에게 알리는 일이에요. '선거 유세'라고도 하죠. 후보자는 단체를 위해 어떤 일을 할지 곰곰이 생각해 보고 공약을 준비합니다. 공약은 벽보를 만들어 붙이거나 포스터로 만들기도 하지요. 선거 관리 위원회에서는 선거 홍보물의 개수와 규격을 정합니다. 홍보 기간과 방법 등이 모든 후보자에게 똑같이 적용됩니다. 불공정한 선거가 되지 않도록 선거 운동 규칙을 선거 관리 위원회에서 꼼꼼하게 정해 놓아요.

후보자는 자신의 공약이나 자신이 속한 정당의 공약을 유권자에게 소개합니다. '유권자'는 선거할 권리를 가진 사람, 즉 선거인을 뜻합니다. 후보자는 자신을 알리기 위해 언론과 인터뷰를 하고, 곳곳을 돌아다니며 유권자 앞에서 연설을 하기도 하지요. 뉴스 토론, 유튜브 영상, 벽보, 현수막, 방송 차량 등 다양한 방법으로 선거 운동을 합니다.

4단계: 사전 투표

선거 당일에 투표하러 못 가는 사람을 위해 미리 투표하는 날을 정해 놓는 것을 사전 투표라고 합니다. 선거일 5일 전에 지정된 장소에서 이틀간 해요. 신분증(주민 등록증, 운전면허증, 여권, 공무원증 등)만 있으면 참여할 수 있지요. 국가에서 실시하는 대통령, 국회 의원, 지방 자치 단체장, 지방 의회 의원, 교육감 선거는 많은 국민이 선거할 수 있도록 사전 투표가 있습니다.

5단계: 투표

투표하기 전에는 후보자들의 소견을 듣는데, 대체로 공약과 본인의 생각이나 입장에 대해 발표해요.

투표는 정해진 선거일에 하는데, 일정한 나이 이상의 국민이라면 누구나 할 수 있습니다. 예를 들면, 우리나라는 만 18세 이상이면 대통령을 뽑을 수 있어요.

투표 순서는 먼저, 투표소에 가서 신분증을 보여 주고, 투표용지를 받으면 기표소에 들어가 자신이 원하는 후보 이름 옆의 빈칸에 선거용 도장을 찍으면 됩니다.

투표용지의 크기와 양식도 정해져 있습니다. 선거용 도장을 찍을 때는 도장이 선 밖으로 나가거나, 여러 후보에게 동시에 찍으면 무효표가 되니 주의해야 합니다.

기표가 끝나면 누구에게 투표했는지 보이지 않도록 투표용지를 반으로 접고 투표함에 넣습니다.

6단계: 개표

개표는 선거가 끝난 뒤, 투표함에서 투표용지를 꺼내서

누가 몇 표를 받았는지 세어 보는 단계예요. 전국의 개표소에서 선거 관리 위원들이 표를 직접 확인하면서 정확하게 셉니다. 많은 인원이 투표에 참여하면 밤늦게까지 개표를 하기도 하지요.

학교에서는 담당 선생님과 선거 관리 위원 학생들이 함께 참여해서 공정한 개표가 이루어질 수 있도록 합니다.

7단계: 당선 발표

가장 많은 표를 받은 후보자가 당선자, 즉 대표가 됩니다. 대통령은 전국에서 가장 많은 표를 받은 사람, 국회 의원은 각 지역구에서 가장 많은 표를 받은 사람이지요. 선거 결과는 국민들이 많은 관심을 가지고 지켜보며, 뉴스와 인터넷을 통해 개표가 끝난 뒤 발표합니다. 학교에서는 정해진 날짜에 벽보 등을 통해 당선된 학생을 알리기도 합니다.

8단계: 임기 시작

당선된 사람은 정해진 날짜부터 정식으로 맡은 일을 하기 시작합니다. 우리나라 대통령의 임기는 5년이고 딱 한 번만 할 수 있어요. 국회 의원의 임기는 4년이고 연속으로 할 수도 있어요. 학급이나 학교 임원의 임기는 보통 한 학기입니다. 선거 결과, 대표로 뽑힌 학생은 당선 소감을 학생들 앞에서 말하고, 공약한 일을 실천하기 시작합니다. 공약에 대해서는 2장에서 좀 더 자세히 살펴보기로 해요.

선생님, 질문 있어요!

1 누구나 후보자가 될 수 있나요?

뒤에서 살펴볼 선거의 4대 원칙 중 '보통 선거'의 원칙이 있어요. 우리나라 국민이라면 누구든 상관없이 일정한 나이가 되면 선거권을 받게 되는 거예요. 민주주의 사회에서 사람은 누구나 평등하고 동등한 기회를 갖게 되지요.

입후보할 때도 마찬가지예요. 한 집단에 소속되어 있다면 그 집단의 대표를 뽑는 선거에 누구나 입후보할 수 있어요.

하지만 몇 가지 자격 조건이 있답니다. 우리나라 국적을 가지고 있어야 하고, 일정한 나이가 되어야 합니다. 대통령은 만 40세 이상, 국회 의원은 만 25세 이상이어야 해요. 또 법을 어겨서 징역형을 받고 감옥에 있거나, 벌금 100만 원 이상을 선고받고 형이 확정된 경우는 일정한 기간 동안 선거에 입후보할 수 없습니다.

❷ 우리나라는 간접 민주주의라고 하던데, 모든 나라가 간접 민주주의인가요?

민주주의는 대표적으로 두 가지 형태가 있어요. 바로 '직접 민주주의'와 '간접 민주주의'입니다.

직접 민주주의는 대표를 뽑지 않고 모든 국민이 직접 정치에 참여하는 방식이에요. 스위스의 일부 지역에서는 지금도 모든 국민이 정책이나 법률을 직접 투표해서 정하지요.

간접 민주주의는 국민을 대신해서 정치할 대표를 뽑는 방식이에요. 우리나라를 비롯해 미국, 일본, 프랑스 등 대부분의 나라가 이런 방식을 선택하고 있어요.

그럼 대부분의 나라가 왜 간접 민주주의를 선택할까요? 대부분의 나라는 인구가 많고 영토가 넓어서 모든 국민이 모여서 일일이 중요한 일을 결정할 수가 없어요. 시간이 많이 걸리고 비효율적이기 때문이에요. 이게 바로 간접 민주주의가 널리 쓰이는 이유랍니다.

간단한 활동

내가 생각하는 바람직한 회장은 어떤 모습인가요? 예시를 참고하여 생각 그물로 나타내 봅시다.

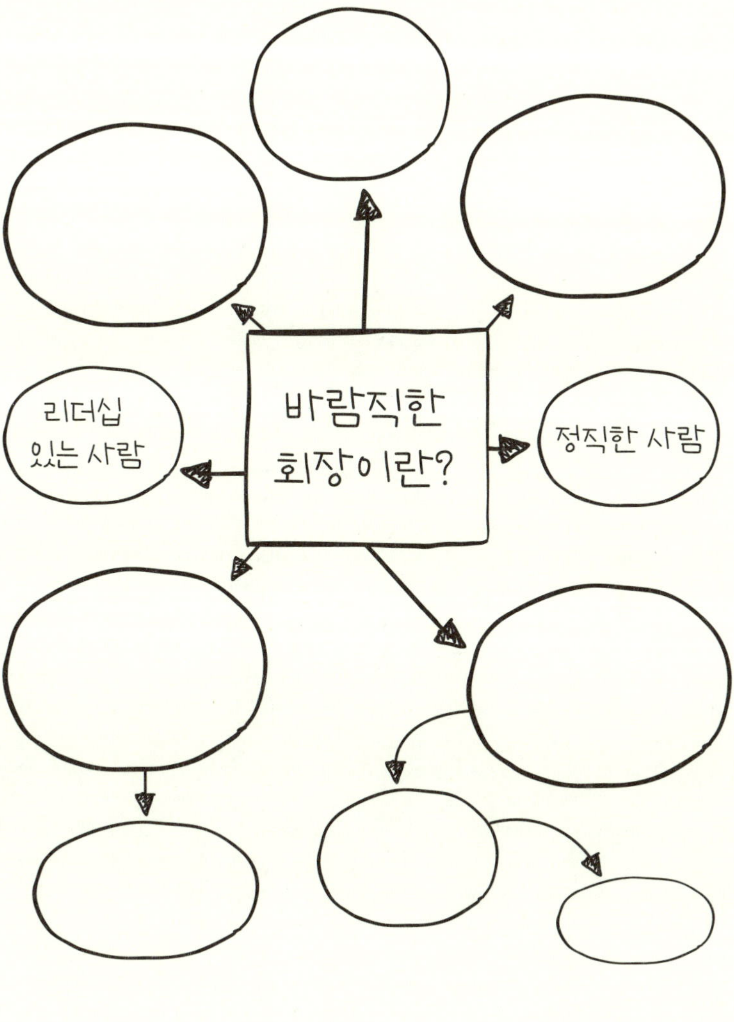

2장

공약이 너무해!

공약 전쟁

"아침부터 왜 이렇게 소란스러운 거야?"

수현이가 호기심 어린 눈으로 두리번거렸다. 아이들이 복도 게시판에 와글와글 모여 있었기 때문이다. 마치 재미난 일이라도 벌어진 양 들떠 있는 모습이었다. 아이들 틈으로 수현이와 유정이도 파고들었다.

"아, 난 또 뭐라고."

수현이는 별일 아니라는 듯 유정이를 돌아보았다. 유정이는 눈앞에 펼쳐진 선거 벽보들을 보자마자 숨이 턱 막혔다.

휘황찬란한 문구와 단단하고 매끈한 종이 위에 출력된 친구들의 사진이 근사해 보였다. 회장 선거에 입후보한 기호 1번부터 3번까지 모두 자신을 뽑아 달라고 아우성치는 듯했다. 그 옆에 있는 단 하나뿐인 부회장 후보자의 벽보도 화려하기는 마찬가지였다.

"와! 역시 재호야. 재호가 회장이 되면 라면 파티한대."

"예승이는 어떻고. 매달 장기자랑이라니 재밌을 것 같아! 케이팝(K-pop) 콘테스트 형식으로 한대."

유정이는 눈앞이 깜깜했다. 다들 어쩜 이렇게 아이들이 좋아할 만한 공약을 척척 제시했는지 모르겠다. 아이들은 벌써 공약이 실현되기라도 한 것처럼 들떴다.

유정이는 손에 든 선거 벽보를 슬그머니 뒤로 감췄다. 아무래도 자신이 없었다.

"유정아, 왔니?"

박시민 선생님이 어느새 뒤에 와 있었다. 선생님의 눈길이 유정이의 손에 머물렀다. 유정이는 쭈뼛쭈뼛 선생님께 벽보를 내밀었다. 자신이 없다고 안 낼 수도 없는 노릇이었다.

선생님은 후보자들의 벽보를 붙이는 중이었다고 한다. 기호 1번 배도리, 기호 2번 문예승, 기호 3번 오재호. 이제 유정이의 벽보가 붙을 차례였다.

선생님은 유정이의 벽보를 펼쳤다. 사절지에 직접 쓴 기호와 글씨가 눈에 들어왔다. 어제저녁, 방에서 혼자 진땀을 빼며 만든 벽보였다. 집에서 볼 땐 나름 근사해 보였는데, 다른 아이들의 벽보와 비교하니 왠지 모르게 초라하게 느껴졌다.

"이제 기호 4번 벽보가 붙나 봐."

"정말? 이번엔 어떤 공약일까? 궁금해."

아이들이 박시민 선생님 주변으로 몰려들었다. 선생님은 기호 3번 오재호 옆에 유정이의 벽보를 붙였다. 아이들이 유정이의 벽보를 살펴보았다.

"독서 퀴즈? 뭐야, 시시해."

누군가의 작은 목소리가 유정이의 귀에 날아들었다. 순간, 수현이의 눈초리가 날카롭게 올라갔다.

"뭐라고? 누구야?"

주위가 조용해졌다.

"아니, 난 그냥……."

예승이의 단짝 지우였다. 지우는 예승이처럼 춤과 노래를 좋아하는 아이였다. 지우가 멋쩍은 듯 고개를 떨구자, 예승이가 불쑥 끼어들었다.

"지우는 아무 의도 없이 이야기한 것 같아. 유정아, 이해해 주라. 응?"

예승이가 유정이의 팔짱을 끼며 말했다. 유정이는 생글생글 웃으며 다가오는 예승이를 밀어 낼 수 없었다.

"알았어."

괜찮다고 했지만 유정이는 썩 기분이 좋지 않았다. 아니, 기분이 좋을 리가 없었다.

선거 벽보를 다 모아서 붙여 놓으니, 공약이 한눈에 비교가 됐다.

부모님은 뭐든 스스로 하는 유정이를 자랑스러워했다. 유정이도 부모님이 자랑스러워하는 자신이 내심 대견했다. 하지만 이번에는 부모님의 도움을 받을걸 그랬다는 후회가 들었다. 그랬다면 다른 아이들처럼 근사한 벽보를 만들 수 있었을 것 같았다.

"으휴, 신경 쓰지 마."

수현이가 유정이의 기분을 알아챈 듯 위로했다.

"저렇게 화려한 공약이 정말 우리 반에 도움이 될까? 그리고 당선된다고 해서 다 지킬 수 있는 공약도 아니잖아."

유정이는 박시민 선생님이 했던 말이 떠올랐다. 공약에서 가장 중요한 건 실현 가능성과 우리 반에 꼭 필요한 일인지 따져 보는 거라고 했다. 유정이는 어제 밤새 고민해서 세 가지 공약을 생각해 냈다.

첫 번째 공약은 책 읽는 교실 만들기다. 책 읽는 게 중요하다고 귀에 못이 박히게 들어왔다. 그런데 아침 활동 시간이나 점심

시간, 쉬는 시간에 책 읽는 아이들을 보기란 쉽지 않았다.

아이들은 틈만 나면 흥미 있고 신나는 일을 찾아 다녔다. 매달 책 한 권을 정해서 독서 퀴즈를 내고 상품도 주면, 아이들이 책을 읽는 데 조금이나마 흥미를 붙일 수 있을 것 같았다.

두 번째 공약은 따뜻한 말을 건네는 교실 만들기다. 친구들이 노는 모습을 보면 말장난하다가 다툼으로 이어지는 경우가 많았다. 유행하는 말이라며 아무렇지도 않게 거친 말을 내뱉는 아이들도 있었다. 그래서 교통안전 캠페인처럼 따뜻한 말 캠페인을 하면 좋겠다고 생각했다.

세 번째 공약은 깨끗한 교실 만들기다. 여기저기 떨어진 쓰레기, 함부로 버려진 학용품들을 보면서 내가 먼저 깨끗한 교실을

만드는 데 앞장서고 싶었다.

고민 끝에 세운 공약들이지만 왠지 시시해 보였다. 아이들이 신이 날 만한 게 아무것도 없었다.

반 아이들은 쉬는 시간마다 벽보 앞에 모여서 누굴 뽑을까 고민하는 눈치였다. 박시민 선생님은 비밀 선거의 원칙을 계속 강조했다. 아이들은 누굴 뽑겠다고 대놓고 말하지는 않았지만, 친한 친구끼리 모여서 속닥속닥 이야기를 나누었다.

유정이도 발걸음이 저절로 벽보 앞으로 향했다. 선거일까지 4일밖에 남지 않았으니, 마음이 쓰이는 게 당연했다.

그러던 어느 날, 유정이와 수현이가 벽보 근처에 있을 때였다. 복도 한쪽에서 아이들이 웅성거리는 모습이 보였다.

"뭐지?"

"내가 가서 보고 올게."

재빠른 수현이가 아이들 틈바구니로 끼어들었다. 그러자 아이들에게 둘러싸여 있던 재호의 모습이 보였다.

"오재호, 이게 뭐 하는 거야?"

수현이가 날카롭게 쏘아붙였다.

"네가 무슨 상관인데?"

재호의 표정은 뻔뻔해 보였다. 재호를 둘러싼 아이들은 쭈뼛대다가 썰물처럼 제각기 흩어졌다. 손에 작은 장난감을 쥔 채였다.

"나 선거 관리 위원인 거 몰라? 지금 네 행동은 선거 운동의 원칙에 어긋나잖아."

"도대체 뭐가 어긋난다는 건데?"

재호와 수현이는 한참 동안 서로를 쏘아보았다.

"너희들 뭐 하는 거니?"

굵은 목소리의 주인공은 바로 박시민 선생님이었다.

원칙을 어기면 안 돼!

"정말이에요. 저를 뽑아 달라고 준 게 아니에요."

"그럼?"

교탁 앞에 앉은 선생님의 한쪽 눈썹이 올라갔다. 무언가 이해되지 않을 때 종종 보이는 모습이었다.

"예전부터 그 게임의 피규어를 갖고 싶다고 한 아이들이 많았어요. 우연히 이번에 주게 된 거예요."

재호의 목소리가 점점 커졌다. 정말 억울한 모습이었다.

"선생님, 그렇다고 해도 선거 운동 기간이잖아요. 더군다나 후보자로 등록된 학생이 이렇게 물건을 주면 안 된다고 생각해요."

수현이가 지지 않고 말했다. 수현이의 말은 일리가 있었다. 선거 운동 기간이었기 때문에 재호의 행동은 충분히 오해를 살 만했다.

그때였다. 배도리가 교실 앞으로 다가왔다.

"선생님, 드릴 말씀이 있습니다."

배도리는 콧잔등으로 내려온 안경을 밀어 올렸다. 이어 침착하고 진지한 목소리로 말을 시작했다.

"오재호가 아이들에게 물건을 나누어 줄 때 저는 바로 앞에서 사물함 정리를 하고 있었습니다."

"그런데?"

선생님이 궁금하다는 듯 물었다.

"그런데…… 재호가 피규어를 나누어 주면서 한 말을 똑똑히 들었습니다. 자신이 회장이 되면 또 다른 모양의 피규어를 줄 수도 있다고 했어요."

"야! 그, 그건……."

재호가 당황해서 말을 더듬었다.

"재호야, 무슨 일인지 이야기해 보렴."

선생님이 재호를 지그시 바라보았다.

"그건 회장이 되면 기쁘기도 하고, 아이들에게 고마우니까 피규어를 더 줄 수도 있다고 한 거였어요."

"단지 피규어를 받고 싶어서 너를 뽑는 아이들이 생기면?"

수현이가 끼어들었다. 재호는 더 이상 말을 하지 못했다.

"선생님, 저는 선거가 공정하게 이루어져야 한다고 생각합니다. 이번 일은 선거 운동의 원칙에 맞지 않습니다."

배도리가 다시 한번 안경을 밀어 올리며 말했다. 배도리는 작은 얼굴 탓인지 안경이 자꾸 콧잔등까지 내려와서 밀어 올리기를 반복했다.

"나, 나는 정말 그럴 생각이 없었어. 선거 전부터 친구들에게 주기로 약속했던 것뿐이야."

재호는 거의 울먹였다.

재호는 원래부터 인기가 많은 아이였다. 호탕하게 웃거나, 유행하는 개그를 해서 많은 아이를 웃게 했다. 그런 재호가 회장이 되면 라면 파티와 게임 대회까지 열겠다고 했다. 인기가 하늘을 찌를 거란 걸 모르는 사람은 없었다. 그런데 요새 아이들 사이에서 제일 유행하는 게임 피규어까지 주다니, 이건 반칙이었다. 모르고 한 일이었다고 해도 잘못한 건 달라지지 않았다.

"정말 그럴 의도가 없었던 거야?"

선생님이 재호에게 물었다.

“네, 정말이에요.”

재호는 제발 믿어 달라는 눈빛으로 선생님을 바라봤다.

“그렇다면 친구들에게 나눠 준 피규어를 다시 받아 오렴.”

“네?”

“지금은 선거 운동 기간이잖아. 아무리 좋은 마음으로 친구들에게 주었다고 해도, 오해받을 일은 하면 안 된단다.”

“…….”

유정이는 재호가 침묵하는 잠깐의 시간이 길게 느껴졌다. 왠지 마음이 답답했다.

평소 재호의 모습을 보면 피규어를 나누어 주는 게 이상하지 않았다. 교외 체험 학습으로 여행을 다녀오면 늘 반 아이들 책상에 초콜릿이나 젤리를 하나씩 놓곤 했으니까. 수업이 끝난 후에는 친구들과 과자를 나누어 먹거나, 잘 가지고 놀지 않는 장난감이 있으면 아무리 새것이라도 친구들에게 선뜻 주었다.

‘하지만 피규어를 받은 아이들이 모두 재호를 뽑는다면?’

유정이는 고개를 가로저었다. 그렇지 않아도 인기가 많은 재호였다. 피규어로 인해서 더 많은 표를 받는다는 건 선거에서 옳지 않은 일이었다. 단순히 회장 선거 후보로 경쟁하는 사이라서 그런 게 아니었다.

재호는 불만이 가득해 보였다.

"알겠어요."

재호는 어깨가 축 처진 채 자리로 돌아갔다.

다음 날, 재호가 몇몇 친구들에게 다가가 피규어를 돌려받는 모습이 보였다.

"선거 때문에 교실이 소란스럽네. 사실 난 마음에 드는 공약이 하나도 없는데."

"나도 그래. 라면 파티고 케이팝 콘테스트고 관심 없어."

몇몇 아이들이 수군댔다.

'저 많은 공약 중에 정말 와닿는 공약이 없는 걸까?'

유정이는 다른 아이들도 자신처럼 고민 끝에 공약을 제시했을 거란 생각이 들었다. 하지만 모두가 원하는 바가 다르기 때문에, 모두를 만족시키는 게 좀처럼 쉽지 않다는 것을 새삼 느꼈다.

유정이는 왠지 모르게 입안에 씁쓸함이 감돌았다.

01
선거 운동과 공약

우리나라 대통령이나 국회 의원 선거 때 길거리에서 선거 운동을 하거나, 벽보를 붙여 놓는 등 많은 사람이 알 수 있도록 후보자의 기호와 공약 등을 알리는 모습을 본 적이 있나요?

학교에서 회장 선거를 할 때도 마찬가지예요. 후보자가 친구들에게 자기 생각을 말하거나, 포스터를 만들어 붙이거나, 연설하는 것이 모두 선거 운동이에요.

선거 운동을 할 때는 규칙이 있습니다. 예를 들면, 본인이 당선되기 위해서 거짓말을 하거나 다른 후보자를 비난하지 않아야 해요. 또, 정해진 시간과 장소에서만 선거 운동을 할 수 있어요.

'공약'은 후보자가 당선되면 실천할 일을 유권자에게 미리 약속하는 거예요. 학교 선거에서는 '쓰레기를 줄이겠습니다' 또는 '학교 폭력 없는 학교를 만들겠습니다' 등이 주로 공약으로 쓰입니다. 학생들이 즐겁고 행복한 학교를 만들겠다는 다짐이 공약으로 나타나지요.

대통령 선거에서는 후보자가 우리나라의 경제 회복과 성장, 모든 국민이 출생부터 노후까지 기본 생활을 보장받는 것을 주요 공약으로 제시할 수도 있지요.

좋은 공약은, 지킬 수 있어야 하고 모두에게 도움이 되는 약속이어야 해요. 그래서 선거 운동과 공약은 단순히 대표를 뽑는 일이 아니라, 서로의 생각을 존중하고 더 나은 공동체를 만들어 가는 과정이랍니다.

02
실현 가능한 공약인가요?

선거에서 후보자가 미래를 위한 구체적인 약속을 문서로서 선언하는 것을 '매니페스토'라고 해요. 단순히 '열심히 하겠습니다.'가 아니라, 무엇을 언제까지 어떻게 할지 구체적으로 자세히 나타내는 거예요.

매니페스토(Manifesto)의 어원은 라틴어의 마니페스투스(manifestus)로 '증거' 또는 '증거물'이란 의미로 쓰였다고 합니다. 이탈리아어로는 마니페스또(manifesto)로 '과거의 일을 설명하고 미래의 일을 다짐하는 공적인 선언'으로 사용되었다고 해요.

'학교 운동장에 놀이터를 만들겠습니다!'라는 공약은 추

상적이고 막연해요. 매니페스토는 '올해 안에 예산을 ○○만 원 마련하여 학교 운동장에 미끄럼틀과 그네를 설치하겠습니다'처럼 세부적인 내용을 담고 있어야 해요.

우리나라에서는 2006년 5월, 지방 선거를 계기로 후보자의 공약을 구체적으로 제시하기 위해 노력하고 있어요. 또한, 시민 단체는 공약의 실현 가능성을 판단하는 매니페스토 운동도 전개하고 있습니다.

공약을 구체적으로 만들기 위해서 매니페스토에는 보통 다음과 같은 요소들이 들어갑니다. 학급 회장 선거를 예시로 살펴볼까요?

20△△년 △△△회장 공약!

회장 선거 공약

1 **목표** : 무엇을 바꿀지(예: 더 깨끗한 교실)

2 **방법** : 구체적인 행동(예: 월·수 점심 후 10분 청소 분담표 운영)

3 **기간** : 언제 시작하고 끝낼지
(예: 3~7월, 매달 마지막 주 점검)

4 **자원** : 무엇이 필요한지(예: 분무기 두 개, 걸레 열 장)

5 **책임** : 누가 맡는지(예: 환경부장·당번)

6 **평가** : 잘됐는지를 어떻게 확인하고 알릴지
(예: 주간 사진 게시, 만족도 설문)

03
선거 전후 **여론 조사**

‘여론 조사’는 사람들이 어떤 생각을 가지고 있는지 조사하는 일이에요. 특히 우리나라 선거 때는 누가 더 많은 지지를 받고 있는지 알아보기 위해 많이 해요.

선거 전 여론 조사는 후보자가 발표한 공약이나 선거 운동에 대해 어떻게 생각하는지, 어떤 후보를 뽑고 싶은지 미리 물어보는 거예요. 선거 전에 여론 조사를 하면 후보자는 자신을 지지하는 사람이 얼마나 되는지 알 수 있어요. 부족한 점을 고쳐서 더 나은 공약을 세울 수도 있지요.

선거 후 여론 조사는 선거가 끝난 뒤에 사람들이 선거 과정이나 당선된 대표에 대해 어떤 생각을 가지고 있는지 알아보는 거예요. 예를 들어, '이번 선거는 공정했다고 생각하나요?', '당선자가 공약을 잘 지킬 것 같나요?' 같은 질문을 해요. 이렇게 하면 대표가 된 사람이 앞으로 어떤 부분을 더 신경 써야 할지도 알 수 있어요.

여론 조사는 모든 사람의 의견을 다 물어보긴 어렵기 때문에, 몇 명을 뽑아서 물어본 뒤 전체의 생각을 짐작하는 방식으로 해요. 그래서 100퍼센트 정확하지는 않지만, 큰 흐름을 파악하는 데는 도움이 된답니다.

04
선거 운동을 하면 돈이 많이 드나요?

선거 운동을 할 때 생각보다 돈이 많이 들어갈 수 있어요. 사람들에게 자신의 공약을 알리려면 포스터, 현수막, 전단지 같은 인쇄물을 만들고, 광고를 하거나 모임을 열어야 하기 때문이에요. 또, 전국을 다니면서 인사하려면 교통비와 식비도 필요해요. 그래서 우리나라 같은 경우 대통령이나 국회 의원 선거처럼 큰 선거는 수십억 원이 쓰이기도 해요.

하지만 우리나라에는 선거가 돈을 많이 쓰는 경쟁이 되지 않도록 법으로 정해진 규칙이 있어요. 후보자가 마음대로 돈을 무한정 쓸 수 없고, 정해진 한도 안에서만 써야 해요. 이 규정을 '공직 선거법'이라고 합니다. 후보자가 돈을 무한

정 쓰면 돈이 많은 사람만 유리해지고 선거가 불공정해지기 때문에 꼭 필요한 규칙입니다.

- 대통령 선거: 후보자 한 명당 약 500억 원 정도
- 국회 의원 선거: 후보자 한 명당 약 2억 원 정도
- 시장·군수 선거: 지역 규모에 따라 수천만 원에서 1억 원 정도

또한, 후보자가 일정한 득표율(전체 투표수의 15퍼센트 이상)을 얻으면 나라에서 선거 비용의 일부를 채워 주기도 해요. 이렇게 해야 다양한 사람이 도전할 기회를 얻을 수 있고 누구나 공정하게 경쟁할 수 있거든요.

선생님, 질문 있어요!

1 뽑고 싶은 후보자가 없으면 어떻게 해야 하나요?

선거할 때 마음에 드는 후보자가 없을 수도 있어요. 공약이 별로라서 실망스럽거나, 누구도 믿음이 안 갈 때도 있지요. 그렇다고 투표를 하지 않으면 어떤 일이 생길까요? 대표가 필요하지만, 아무도 뽑히지 못해서 우리 사회나 학교의 중요한 일이 제대로 결정되지 않을 수 있어요. 그렇기 때문에 마음에 쏙 드는 후보자가 없어도 투표는 반드시 해야 합니다.

선거를 꼭 해야 하는 이유에 대해 좀 더 자세히 알아볼까요?

첫째, 선거는 우리의 의견을 표현하는 기회예요. 완벽한 후보자가 아니더라도 공동체를 잘 이끌어 갈 사람을 고르면 됩니다. 투표를 하지 않으면 내 생각이 전혀 반영되지 않고, 다른 사람들이 투표로 정한 대로 따라가야만 해요.

둘째, 선거는 대표를 뽑아 책임을 맡기기 위한 과정이에요. 대표를 아무도 맡지 않으면 전체의 의견을 누가 이행할 수 있을까요? 공동체의 의견을 전달하고 조율하는 대표가 없으면 혼란이 생기겠지요. 그래서 꼭 대표자를 뽑아 일을 맡기는 게 필요하답니다.

셋째, 선거는 더 좋은 후보자가 나오도록 만드는 힘이에요. 완벽한 후보자는 없어요. 지난 선거를 돌아보며 더 나은 공약과 대표로서 자질을 가진 사람을 뽑아 나가는 거지요.

즉, 선거는 우리 사회를 잘 굴러가게 하고 더 나은 미래를 만들기 위해 꼭 필요한 과정이라고 볼 수 있어요.

❷ 선거 운동의 원칙을 어기는 경우에 대해 알려 주세요.

선거는 국민이 대표를 뽑는 아주 중요한 절차라서 공정하게 치러져야 해요. 그래서 국가에서 주관하는 선거는 법으로 정해진 선거 운동의 원칙이 있습니다. 만약 이 원칙을 어기면 선거법 위반이 됩니다. 우리나라를 예로 들어 볼게요.

정해진 기간이 아닌 때에 선거 운동을 하는 경우

선거 운동은 법으로 정해진 기간에만 할 수 있어요. 만약 선거 한참 전부터 광고를 하거나 표를 부탁하면 불법이라고 볼 수 있습니다.

돈이나 선물을 주고 표를 부탁하는 경우

어떤 후보자가 자신을 뽑아 주는 대가로 돈, 음식, 물건을 나눠 주는 건 불법이에요. 선거는 정직한 약속과 정책으로 승부해야지, 물질적인 것으로 사람의 마음을 사면 안 됩니다.

허위 사실을 퍼뜨리는 경우

자신에게 유리하게 거짓말을 하거나, 다른 후보자를 헐뜯기 위해 사실과 다른 말을 퍼뜨리면 안 됩니다.

비방하거나 욕하는 경우

후보자들끼리는 서로 공약과 정책으로 경쟁해야 합니다. 상대를 욕하거나 인격적으로 모욕하면 안 됩니다.

나이 제한을 어긴 경우

선거 운동을 할 수 있는 나이는 정해져 있어요. 대통령이나 국회 의원 선거 등의 경우는 만 18세 이상으로 제한됩니다.

공무원이 중립을 지키지 않은 경우

선생님이나 경찰관 등 국가의 일을 맡은 공무원은 정치적 중립을 지킬 의무가 있습니다. 특정 후보자를 대놓고 응원하거나 반대하면 안 돼요.

인터넷이나 문자로 불법 선거 운동을 하는 경우

인터넷이나 휴대 전화로 거짓 정보를 퍼뜨리거나, 계속해서 메시지를 보내 표를 부탁하는 것도 불법입니다.

간단한 활동

내가 학급 회장 후보자라면 어떤 공약을 내세우고 싶나요? 우선 순위에 따라 피라미드로 나타내고, 공약을 내세운 이유도 적어 봅시다.

1순위

2순위

3순위

4순위

5순위

공약으로 내세운 이유

3장

민주주의가 너무해!

회장에 당선되다

눈 깜빡할 새에 선거 운동 기간이 지나갔다. 유정이는 나흘이 이렇게 짧다는 게 실감 나지 않았다.

그러고 보면 나흘 동안 많은 일이 있었다. 월요일에 선거 벽보를 보고 아이들이 공약에 대해 많은 관심을 가지던 일, 화요일부터 목요일까지 이어진 선거 운동까지.

처음에 선거 유세를 할 땐 얼마나 떨렸는지 모른다.

"기호 3번 오재호!"

"기호 2번 문예승!"

후보자들의 우렁찬 목소리를 들으니, 유정이는 더 움츠러드는 것 같았다. 그렇게 큰 목소리로 말을 해 본 적이 없었기 때문에 아무리 쥐어짜 내도 다른 친구들처럼 목소리를 크게 내기는 힘들었다.

"기, 기호 4번……."

"에휴, 그렇게 해서 들리겠어?"

옆에 있던 수현이가 유정이에게 조언을 해 주었다.

"기호 4번 진유정! 우리 반을 이끌어 갈 진정한 회장, 진유정. 꼭 뽑아 주세요! 이렇게 해야지."

유정이는 고마운 마음에 눈물이 핑 돌았다. 수현이는 늘 그랬다. 유정이가 힘들어 하면 마치 자기 일처럼 발 벗고 나섰다. 어깨에 진 짐을 함께 나눠 주는 든든한 친구. 유정이에게 수현이는 그런 존재였다.

"여러분을 위한, 진심으로 우리 반을 위하는 회장이 되겠습니다."

수현이가 물꼬를 터 주자 그제야 유정이도 말문이 트였다. 유정이는 반 친구들 한 명 한 명에게 다가가 선거 유세를 했다. 수현이는 선거 관리 위원이라서 선거 운동에 직접적으로 나서지는 못했지만, 유정이는 멈칫하는 순간마다 수현이가 있다는 사실만으로도 든든했다.

유정이는 입이 바싹바싹 말랐다. 용기 내서 후보자 등록을 하고, 고심 끝에 공약을 세우고, 공약이 담긴 벽보를 만들고, 선거 유세를 하기까지의 과정이 생각났다. 누군가에게는 큰 어려움 없이 지나가는 과정이겠지만, 유정이에게는 좀처럼 쉽지 않았다. 그리고 오늘 모든 게 결판이 난다.

"우리 딸, 오늘이 선거하는 날이네. 힘내, 파이팅."

엄마는 유정이가 아침에 일어나자마자 꼭 안아 주었다.

"아빠는 우리 유정이가 회장 선거에 출마했다는 사실만으로도 감격이다."

아빠는 유정이의 어깨를 토닥여 주었다. 엄마와 아빠의 응원을 떠올리며 유정이는 긴장을 풀려고 노력했다.

2교시가 되었다.

"자, 드디어 여러분이 기다리던 투표하는 시간입니다."

박시민 선생님은 선거의 4대 원칙, 투표 순서, 무효표 처리 등 선거 방법에 대해 자세히 설명해 주었다. 이어서 회장 후보 네 명과 부회장 후보 한 명의 연설이 시작되었다.

논리적인 말투로 연설을 시작한 배도리, 춤 동작으로 마무리해서 강렬한 인상을 남긴 문예승, 재치 있는 연설로 웃음을 자아낸 오재호까지. 이제 유정이의 차례였다.

유정이는 심장이 쿵쾅거렸다. 귓불이 뜨겁고 목소리가 덜덜 떨렸다.

어떻게 연설을 마무리했나 모르겠다.

“잘했어.”

자리로 돌아가는데, 수현이가 금붕어처럼 입을 벙긋거리며 작게 말했다.

‘그래, 떨면 어때. 끝까지 해냈으니 됐어.’

유정이는 연설을 마무리 지은 자신이 대견하게 느껴졌다.

연설이 끝난 후, 바로 투표가 시작됐다. 4학년 3반 친구들은 회장과 부회장 투표용지를 각각 한 장씩 받았다. 원래 부회장은 두 명을 뽑는 건데 한 명밖에 입후보하지 않아서 한 장이었다. 투표용지에 도장을 꾹 눌러 찍는 순간, 유정이는 생각했다.

‘이제 다 끝났구나!’

투표 결과는 선거 관리 위원들과 담임 선생님의 개표가 끝난 뒤 발표한다고 했다.

“누가 당선됐을까?”

“야, 당연히 재호지.”

“아니야. 남자아이들이 좋아하는 사람은 재호지만, 모두에게 골고루 인기 있는 사람은 예승이라고."

"난 도리가 회장으로 어울린다고 생각해."

"유정이도 잘할 것 같은데……."

친구들도, 유정이도 선거 결과가 궁금하긴 마찬가지였다.

기다리고 기다리던 5교시가 되었다.

"자, 조용조용! 선거 결과를 발표하겠습니다."

선생님의 목소리에 찬물을 끼얹은 듯 교실이 조용해졌다.

"회장 당선자는……."

선생님은 텔레비전에서 영화제 대상 수상자를 발표하듯 뜸을 들였다.

'제발, 빨리요!'

유정이는 조바심이 났다. 반 아이들도 마찬가지였다.

"선생님, 얼른 이야기해 주세요."

선생님은 아랑곳하지 않았다.

"두구두구두구……."

"아! 빨리요!"

재촉하는 아이들의 목소리가 여기저기서 들렸다.

"바로 기호 3번, 오재호다."

"야호!"

"아……."

재호는 신이 나서 방방 뛰었다. 자신이 응원하는 후보자가 당선되지 않자 실망하는 아이들도 있었다. 부회장 후보는 한 명이라, 찬반 투표를 통해 당선되었다.

"회장에 당선된 재호와 부회장에 당선된 서형이 축하한다. 그리고 당선되지는 못했지만, 선거에 나와 최선을 다해 준 도리와 예승이, 유정이 모두 애썼다."

선생님은 반 아이들에게 격려의 박수를 보내 주도

록 안내했다. 이어 학급 임원에 당선된 재호와 서형이의 당선 소감 발표가 있었다.

재호는 팔다리를 앞으로 쭉쭉 뻗으며 우스꽝스러운 모습으로 앞에 나갔다. 마치 장난감 병정 같은 모습에 반 아이들이 킥킥댔다.

"나를 회장으로 뽑아 줘서 고마워용."

"크크."

몇몇 아이들의 웃는 틈 사이로 박시민 선생님의 얼굴이 어두워 보였다. 선거 결과 때문인지, 재호의 장난 때문인지 유정이는 도무지 웃음이 나오지 않았다.

반 아이들의 선택은?

한창 국어 수업이 진행 중이던 1교시, 교실 문이 끼익 열렸다.

"죄송합니다."

재호가 머리를 긁적이며 들어왔다. 머리카락이 곤두서 있고 부스스했다. 방금 일어난 사람 같았다.

"하하하."

수업에 집중하던 아이들이 웃음을 터뜨렸다.

"재호는 얼른 자리에 앉고, 다들 여기 보자."

선생님은 화면을 가리켰다. 아이들이 다시 수업에 집중하려고 하던 찰나, 부스럭거리는 소리가 들렸다. 이어 재호의 필통 안에 있는 연필과 지우개가 모두 바닥에 쏟아졌다.

"아, 죄송. 헤헤."

재호는 또 한 번 머리를 긁적였다. 필통의 지퍼를 잘 닫지 않아서 벌어진 일이었다.

"푸하하."

"쟤 왜 저래."

수업 분위기가 또다시 흐려졌다. 선생님의 표정이 딱딱하게 굳었다. 그제야 아이들도 스멀스멀 웃음기를 거두었다. 재호도 쭈뼛쭈뼛 연필을 줍기 시작했다.

수업이 끝난 뒤, 수현이가 불만을 터뜨렸다.

"으휴, 재호가 회장이 되니까 반 분위기가 엉망이야. 넌 어떻게 생각해?"

유정이는 수현이의 말에 곰곰이 생각해 보았다. 재호는 원래 장난기가 많은 아이였다. 친구들과 농담을 하거나 노는 것을 좋아하고 여자아이들에게도 장난을 잘 쳤다. 수현이는 재호가 시끄럽다면서 별로 좋아하지 않았지만, 유정이는 재호가 그다지 나쁜 아이 같지는 않았다. 다른 아이들도 유정이와 비슷한 생각인 듯했다.

문제는 회장이 된 다음부터였다. 회장이 된 후에도 재호의 행동은 변하지 않았다. 종종 지각을 했고, 수업 시간에도 아이들을 웃기려고 했으며, 학급 규칙을 어기는 것을 개의치 않았다.

이틀 전 쉬는 시간, 아이들 다섯 명 정도가 교실 밖 공터에서 술래잡기를 할 때였다. 예승이와 친한 여자아이들이 한창 재미있게 놀고 있는데, 축구를 좋아하는 민재가 다가왔다.

"나도 끼워 줘."

술래잡기를 하고 있던 여자아이들이 멈췄고, 예승이가 가쁜 숨을 몰아쉬며 말했다.

"지금은 안 돼. 다음번에 끼워 줄게."

"왜 다음번이야? 지금 할래."

"우리끼리 돌아가면서 술래 하기로 해서 그래. 쉬는 시간도 얼마 안 남았고."

예승이의 답변이 시원찮았는지 민재는 버럭 화를 냈다.

"그깟 술래잡기가 뭐라고! 끼워 주면 뭐 어때서?"

친구들이 다투는 모습이 신경 쓰였는지 재호가 나섰다.

"그러지 말고 끼워 줘라, 좀. 좋은 게 좋은 거 아니야?"

"싫어. 너희도 놀이에 우리 안 끼워 주잖아."

"너희?"

재호의 눈썹이 움찔거렸다. '너희'라는 표현이 상당히 거슬리는 것 같았다. 주변 남자아이들이 '회장님, 회장님' 하며 받들어 주니, 예승이의 말에 거부감이 들었는지도 모른다.

"난 우리 반 지킴이, 평화의 수호자 회장이야. 우리 반의 평화를 위해 당장 민재도 끼워 줘."

"역시 우리 회장님이야. 공약을 아주 잘 지키네."

민재가 신이 나서 생글거렸다.

"참나."

예승이와 여자아이들은 기가 막혔다. 민재는 물 만난 고기처럼 혼자 공터를 휘젓고 다녔고, 다른 아이들은 맥이 풀려 대충대충 술래잡기를 했다. 다행히 머지않아 쉬는 시간이 끝나는 종이 쳤고, 아이들은 교실로 털레털레 돌아왔다.

그뿐만이 아니었다. 선생님이 잠시 교실을 비울 때면 반 아이들이 떠들지 못하게 큰소리를 쳐 놓고서는 본인이 가장 신나게 놀았다. 복도에서 뛰지 말라고 잔소리하면서 본인은 뛰어놀았다. 회장이라는 역할을 내세워 반 아이들에게 규칙을 강요하면서도 자신은 회장이라면서 여러 가지 예외 상황을 만들었다. 4학년 3반은 학교에 있는 동안 간식을 먹지 않는 게 규칙인데, 재호는 과자나 초콜릿을 가져와서 몰래몰래 먹었다. 또한 숙제를 안 해 오기도 하고, 틈만 나면 장난치기 일쑤였다. 선생님이 재호에게 주의를 주었지만 그때뿐이었다.

"회장이 아니라 무법자야, 무법자."

수현이가 거칠게 말했다.

"무법자라기보다 질서 파괴자라고나 할까. 회장의 권리는 누리고 싶고, 책임은 지기 싫어하면서 자신과 남에게 다른

떠들지 마!!!
~OK
숙제
4-3

기준을 적용하고 있잖아.”

어느새 도리가 다가와 안경을 밀어 올리며 말했다.

“맞아. 회장인데 오히려 더 규칙을 안 지켜.”

“우리가 믿고 의지할 수 없다니까.”

“괜히 재호를 뽑았나 봐.”

“선거할 때 피규어 준 것도 이상하지 않아? 아무래도 일부러 준 것 같아.”

아이들의 불만이 여기저기서 튀어나왔다.

“자, 이제 수업 시작한다. 교실로 들어오렴.”

선생님의 목소리가 들리자, 지우가 선생님 앞으로 다가가서 말했다.

“선생님, 회장 선거 다시 하면 안 돼요?”

지우의 말에 주위에 있던 아이들도 선생님 곁으로 왔다.

“왜 그렇게 생각하니?”

선생님의 물음에 아이들은 그간 있었던 일들을 이야기하기 시작했다. 아이들의 말을 들으며 선생님은 손을 이마에 가져다 대었다.

"유정이, 네 생각은 어떠니?"

선생님이 유정이를 바라보았다. 친구들이 하는 말을 듣고만 있는 유정이의 생각이 궁금해서였다. 유정이는 잠시 고민했다.

선거를 다시 하면 아이들이 학급 회장 선거의 의미와 회장의 역할에 대해 진지하게 생각하고 투표할 기회가 될지도 모른다. 하지만 재호는 어떤 마음일지 가늠이 되지 않았다. 또 이미 선거가 끝났는데 그 결과를 뒤엎는 게 맞는지도 판단이 서지 않았다.

"제 생각에는……."

박시민 선생님과 주위 아이들의 눈이 모두 유정이의 입으로 쏠렸다.

01 선거의 4대 원칙

우리나라에는 선거할 때 꼭 지켜야 하는 중요한 네 가지 원칙이 있어요. 이를 '선거의 4대 원칙'이라고 부릅니다. 이 네 가지 원칙 덕분에 선거가 공정하고 민주적으로 치러질 수 있어요. 우리 모두가 같은 권리를 가지고, 스스로의 선택을 존중받으며, 안전하게 투표할 수 있도록 돕는 중요한 약속이라고 할 수 있습니다.

보통 선거

보통 선거는 나라에서 정한 일정한 나이가 되면 누구나, 어떤 차별 없이 선거에 참여할 수 있다는 의미에요. 성별,

학력, 빈부에 상관없이 선거권을 갖는다는 말이지요. 우리 나라에서는 만 18세가 되면 대통령 선거, 국회 의원 선거, 지방 선거(시장, 군수, 구청장, 시·도 의원, 구·시·군 의원 등)에 모두 참여할 수 있도록 법으로 정해 놓았습니다.

평등 선거

평등 선거는 모든 사람이 한 사람당 한 표씩만 행사할 수 있다는 의미예요. 나이, 성별, 직업, 사는 곳 등에 관계없이 모두 한 표씩만 투표할 수 있어요. 만약 어떤 사람은 표가 두 표이고, 어떤 사람은 한 표라면 불공평하겠지요?

직접 선거

직접 선거는 선거권을 가진 사람이 직접 자신이 원하는 후보자에게 투표한다는 뜻입니다. 만약 중간에 누군가가 대신 투표를 해 준다면 내 의견이 제대로 반영되지 않을 수도 있겠죠? 몸이 아프거나 여행을 갔다고 해서 다른 사람이 투표할 수 없습니다. 본인이 직접 투표소에 가서 신분 확인 절차를 거친 다음, 투표용지를 받아서 원하는 후보자에게 기표해야 합니다.

비밀 선거(무기명 투표)

비밀 선거는 '무기명 투표'라고도 해요. 무기명 투표란 내가 누구를 뽑았는지 다른 사람이 알 수 없도록 비밀이 보장되는 것을 말해요. 압력이나 유혹, 친분에 이끌려 투표하는 것을 막고, 자유롭고 공정하게 선거권을 행사하기 위해 꼭 필요하지요. 투표소에 있는 기표소라는 작은 칸막이 안에 들어가서 혼자 투표하는 이유가 바로 비밀 선거의 원칙 때문입니다.

02
누가 투표할 수 있을까요?

선거에서 투표할 수 있는 권리를 '선거권'이라고 해요. 우리나라에서 선거권을 가지려면 먼저 대한민국 국민이어야 하고, 나이는 만 18세 이상이어야 해요. 그래서 고등학교 3학년 중 만 18세가 된 학생들은 대통령이나 국회 의원 선거, 지방 선거에 참여할 수 있답니다. 이것은 국민이라면 누구나 정치에 참여할 수 있도록 하는 민주주의의 원칙입니다.

우리나라에 사는 국민은 당연히 선거에 참여할 수 있지만, 외국에서 살더라도 대한민국 국적을 가진 사람은 재외 국민 투표를 통해 투표할 수 있어요. 재외 국민은 대사관이나 총영사관에 마련된 투표소에서 미리 정해진 기간에 투표할 수 있지요. 예를 들어, 미국에 유학을 간 대학생이나 일본에서 일하는 직장인도 대한민국 국민이라면 대통령 선거나 국회 의원 선거에 참여할 수 있어요. 이렇게 하면 해외에 살아도 국민으로서 권리를 지킬 수 있고, 나라의 미래에도 함께 목소리를 낼 수 있지요.

대부분의 국민이 선거권을 가지고 있지만, 모든 사람이 다 투표할 수 있는 것은 아니에요. 법을 어겨서 일정 기간 동안 선거권을 잃은 경우에는 투표할 수 없답니다.

03
표를 얼마나 얻어야 당선이 될까요?

선거에서는 단순히 표를 많이 얻는 것이 중요한 게 아니에요. 다른 후보자보다 더 많은 표를 얻어야 당선이 돼요. 우리나라를 기준으로 먼저 대통령 선거를 살펴볼까요?

대통령 선거는 한 나라의 대표를 뽑는 가장 큰 선거입니다. 여러 후보자가 나오더라도 가장 많은 표를 얻은 1등 후보자가 대통령이 돼요. 꼭 절반이 넘는 표를 얻지 않아도 돼요. 예를 들어, 어떤 후보자가 40퍼센트의 표를 얻고, 다른 후보자들이 그보다 적은 표를 얻었다면 40퍼센트의 표를 얻은 후보자가 대통령이 됩니다.

다음은 국회 의원 선거예요. 국회 의원은 우리나라 법을

만들고 나라 살림을 챙기는 일을 하지요. 국회 의원은 지역마다 선출하는데, 그 지역에서 가장 많은 표를 얻은 사람이 국회 의원이 돼요. 대통령 선거와 비슷하게 1등이 당선되는 방식이에요. 다만 일부는 정당이 얻은 표의 비율에 따라 자리(의석)를 나누어 주는 '비례 대표제'로 뽑기도 해요.

그다음은 지방 선거예요. 지방 의회 의원은 우리 지역의 문제를 챙기고 지역 발전을 위해 활동하는 사람이지요. 이

역시 한 지역에서 표를 가장 많이 얻은 사람이 당선돼요. 시장, 군수, 도지사 같은 지방 자치 단체장도 마찬가지예요.

마지막으로 학교 회장 선거를 생각해 볼까요? 회장 선거에서도 가장 많은 표를 얻은 후보자가 회장이 돼요.

정리하면, 대통령, 국회 의원, 지방 의원, 학교 회장 선거 모두 가장 많은 표를 얻은 사람이 당선되는 게 원칙이에요. 다만 대통령처럼 나라 전체에서 뽑는지, 국회 의원처럼 지역마다 뽑는지에 따라 규모와 방법이 조금 다를 뿐이지요. 결국 선거는 공정한 경쟁 속에서 유권자의 선택을 가장 많이 받은 사람이 대표가 되는 과정이라고 할 수 있어요.

이처럼 다수결은 민주주의 사회에서 핵심이 되는 원칙입니다. 많은 사람이 선택한 의견을 따르기 때문에 비교적 공정하고, 빠르게 결정을 내릴 수 있다는 장점이 있습니다.

04 다시 선거하면 어떤 일이 발생할까요?

때로는 선거 결과를 그대로 둘 수 없어서 다시 선거를 해야 하는 상황이 생기기도 합니다. 그럴 때는 선거가 공정하게 치러졌는지 확인하고, 국민의 선택을 제대로 반영하기 위해서 선거를 다시 하기도 해요. 그렇다면 어떤 경우에 선거를 다시 할까요?

첫째, 투표 과정에 문제가 생겼을 때예요. 투표소에서 투표용지가 잘못 배부되거나, 기표소에서 절차가 잘 지켜지지 않으면 결과를 신뢰할 수 없게 돼요. 예를 들어, 어떤 지역에서 투표용지가 부족해 많은 사람이 투표를 하지 못했거나, 잘못된 투표용지로 투표한 경우가 이에 해당됩니다.

둘째, 부정행위가 발견되었을 때도 선거를 다시 할 수 있어요. 누군가가 몰래 다른 사람 대신 투표를 하거나, 표를 조작하는 경우예요. 이런 부정행위가 발견되면, 법원이나 선거 관리 위원회에서 선거가 공정하지 않았다고 판단하고 다시 하도록 결정할 수 있습니다.

셋째, 당선자의 자격에 문제가 있는 경우도 해당됩니다. 당선자가 선거법을 위반했거나, 피선거권(후보자가 될 수 있는 자격)이 없는데 당선된 경우입니다. 예를 들어, 나이가 모자라거나 범죄 기록이 있는 사람이 후보로 출마해 당선되었다면, 선거를 무효로 하고 다시 선거를 치러야 합니다.

하지만 선거를 다시 하면 혼란이 생길 수도 있어요. 우선, 선거를 준비하려면 투표소 설치, 인쇄물 제작, 인력 동원 등 많은 비용과 노력이 들어요. 선거를 자주 다시 하면 사회적 자원이 낭비될 수 있지요. 또, 국민이 뽑은 결과가 계속 바뀌면, 투표 결과를 신뢰할 수 없다는 사실에 실망하거나 정치에 무관심해질 수도 있어요. 선거 결과가 뒤집히면 지지자들 사이에 갈등과 불신이 커져서 오히려 혼란이 심해질 수도 있습니다.

반대로, 선거를 다시 하면 질서를 지킬 수 있는 기회가 되는 경우도 있어요. 만약 투표 과정에서 부정행위가 발견되었다면 그대로 넘어가는 것보다 다시 선거하는 것이 공정한 질서를 회복하는 길이에요. 국민이 선거의 과정과 결과에 문제의식을 갖는다면, 다시 선거를 치러서 투명한 결과를 내는 것이 신뢰를 지킬 수 있습니다.

선거를 다시 하는 것이 항상 나쁜 것도, 항상 좋은 것도 아니에요. 부정행위나 큰 잘못이 없다면 결과를 존중하는 것이 혼란을 막는 길이고, 부정행위가 명확히 드러났다면 다시 선거를 치르는 것이 공정한 질서를 세우는 기회가 돼요. 중요한 것은 언제나 유권자가 이해할 수 있도록 공정성의 원칙을 지키는 일이라고 할 수 있습니다.

선생님, 질문 있어요!

1 다수결은 항상 옳을까요?

다수결만으로는 해결되지 않는 문제들도 있어요. 예를 들어, 쓰레기를 불에 태우는 소각장은 사람들이 꺼려 하지만, 우리 일상생활에서 꼭 필요하지요. 어떤 마을에서 소각장을 짓는 것에 대해 투표를 했더니 찬성이 60명, 반대가 40명이라고 해 봅시다. 다수결에 따라 소각장을 짓기로 했지만, 문제는 반대한 사람들의 집 근처에도 소각장이 세워진다는 거예요. 그 주민들은 반대를 했음에도 불구하고 냄새와 오염으로 피해를 보게 돼요.

민주주의 헌법은 국민 모두가 평등하게 생활할 권리를 보장하고 있습니다. 그런데 다수결이 소수에게 큰 피해를 주면, 헌법의 평등 원칙을 어기게 될 수도 있지요.

과거 미국 남부에서는 다수결로 흑인과 백인의 학교를 따로 두는 법이 만들어진 적이 있습니다. 당시에 다수가 찬성했지만, 흑인들에게는 심각한 차별이었지요. 다수결만으로 결정하면 인권이나 정의 같은 보편적 가치를 지키지 못할 수 있다는 사실을 보여 주는 역사적 사례예요.

다수결은 민주주의 사회에서 꼭 필요한 원칙이지만, 소수의 권리, 약자의 목소리, 헌법적 가치(평등·인권·정의)를 함께 지킬 때 비로소 옳은 결정이 될 수 있어요. 그래서 사회에서는 다수결뿐만 아니라, 토론·합의·헌법적 기준 같은 장치가 함께 필요하답니다.

❷ 우리나라에서 대통령 선거를 다시 한 적이 있나요?

우리나라에서도 몇 차례 대통령 선거를 다시 한 적이 있습니다. 첫 번째는 1980년에 있었어요. 당시 박정희 대통령이 갑자기 세상을 떠나면서 나라에 큰 빈자리가 생겼습니다. 대통령이 없으면 나라가 불안해지고, 누가 중요한 결정을 내려야 할지 혼란이 생기게 되죠. 그래서 헌법에 따라 새로운 대통령을 뽑기 위한 절차가 시작되었어요.

두 번째는 2017년에 치러졌습니다. 박근혜 대통령은 2013년에 우리나라의 제18대 대통령으로 뽑혔어요. 하지만 대통령이 된 뒤 여러 가지 사건으로 국민의 신뢰를 잃게 되었어요. 그래서 2016년 국회는 박근혜 대통령을 탄핵(대통령 직무를 중단시키는 것)했습니다. 이후 헌법 재판소가 2017년 3월, 탄핵이 옳다고 최종 결정을 내렸어요. 이로써 박근혜 대통령은 대통령 자리에서 물러나게 되었지요. 대통령이 임기를 다 채우지 못하고 물러났기 때문에 헌법에 따라 60일 안에 새로운 대통령 선거를 치르게 되었어요. 그 결과, 2017년 5월에 조기 대선이 열렸고, 문재인 대통령이 당선되었습니다.

세 번째는 2025년에 이루어졌어요. 윤석열 대통령은 2022년 5월, 제20대 대통령으로 당선되었어요. 하지만 2024년 12월, 비상계엄령(군대를 임의로 출동시킨 사건)이 계기가 되어 2025년 4월에 파면되었습니다. 이후 21대 대통령 선거 결과, 이재명 대통령이 선출되었지요.

간단한 활동

내가 유정이라면 어떤 선택을 할까요? 각 선택의 결과를 예상해 봅시다. 또 다른 의견이 있는 경우 '선택 3'에 제시해 봅시다.

선택 1 회장 선거를 다시 하자고 제안한다.

예상하는 결과:

선택 2 회장 선거 결과를 존중하고 재호가 회장 역할을 잘해 내기를 바란다.

예상하는 결과:

선택 3

예상하는 결과:

4장

민주주의의 꽃, 선거

위기 또는 기회

"재호야, 안녕?"

"응, 안녕."

축 처진 어깨, 푹 숙인 얼굴, 낮은 목소리. 평소 재호와는 완전히 다른 모습이었다. 그렇게 좋아하던 캐릭터 티셔츠도 입지 않았다.

"재호가 왜 저러지?"

수현이가 어리둥절한 표정으로 유정이에게 물었다.

"그 있잖아, 어제……."

"아!"

수현이는 손으로 입을 막았다. 혹시라도 목소리가 새어 나갈까 봐 흘깃 재호 쪽을 바라보면서 말이다.

재호가 회장이 된 후로 반 아이들의 불만이 커졌고, 선거를 다시 하자는 의견까지 제시되었다. 선생님은 오늘 학급 회의 시간에 이 문제에 대해 함께 이야기를 나누자고 했다.

"그나저나 대단해, 진유정."

"뭐가?"

"네가 제안한 거잖아. 학급 회의 하자고."

"아……."

유정이는 선생님과 아이들의 눈이 자신에게 쏠린 그때가 떠올랐다. 선거 유세 때 연설하듯 괜히 마음이 콩닥거렸다. 유정이는 재호가 아무리 잘못했더라도

선거를 다시 하느냐 마느냐는 몇몇 아이들의 말만으로 결정할 수 없다고 생각했다. 절차에 맞추어 선거를 했듯, 공식적으로 의견을 나누어서 이 일을 마무리하는 게 맞다고 생각했다. 그리고 그게 바로 학급 회의가 아닐까 싶었다.

본인의 일로 학급 회의를 하게 되었으니, 재호의 마음이 무거울 만했다. 재호의 행동에 불만을 품은 아이들도 재호처럼 왠지 마음이 무거워 보였다. 유정이는 투표를 앞둔 순간처럼 수업 시간에 집중이 잘되지 않았다.

점심시간이 끝나고 5교시가 되었다. 학급 회의를 시작할 시간이었다.

"자, 오늘 학급 회의는 선생님이 진행할 거야."

박시민 선생님이 아이들에게 안내했다. 원래는 회장이 학급 회의를 진행하는데, 오늘은 회장인 재호와 관련된 일이기 때문에 선생님이 진행한다고 했다.

"먼저 오늘의 안건을 제안한 친구들의 이야기부터 들어볼까?"

몇몇 아이들이 손을 들고 그간의 일을 설명했다. 어제 선생님 앞에서 말했던 것처럼 아주 구체적이지는 않았다. 전체 회의이기 때문에 자신의 의견과 이유를 조리 있게 이야기하려고 노력하는 듯 보였다.

"좋아. 이 이야기에 대해 재호는 어떻게 생각하니?"

"……."

재호는 그대로 멈춰 있었다.

"지금 상황이 속상하겠지만, 재호의 입장을 이야기해 주면 좋겠구나. 말로 표현하지 않으면 다른 사람이 너의 생각을 알 수 없단다."

재호는 잠시 망설이다가 말했다.

"저는 억울해요. 회장이 된 이후로 우리 반의 평화를 지키기 위해 노력했어요. 놀이에 끼워 주지 않는 친구를 도와주려고 했고, 아침을 안 먹고 오는 친구들이 많길래 집에서 간식을 가져와서 나눠 주기도 했어요. 친구들이 재미있게 학교생활을 할 수 있도록 장난을 좀 쳤을 뿐인데……."

재호가 어깨를 들썩였다.

교실이 조용해졌다. 이렇게까지 조용해진 건 아마 4학년이 된 이후로 처음일 거다.

"의견 있습니다."

도리가 손을 들었다.

"재호의 입장은 어느 정도 이해합니다. 하지만 우리 반 규칙을 어기거나, 수업에 방해되는 행동까지 이해할 수 있는 건 아닙니다. 재호가 수업 시간에 장난치거나 키득거리는 바람에 수업에 집중할 수 없었습니다. 회장이나 부회장은 누구보다도 우리 반 규칙을 잘 지켜야 한다고 생각합니다."

또박또박 이어지는 도리의 말에 몇몇 아이들이 고개를 끄덕였다. 이어 예승이가 말했다.

"쉬는 시간에 놀고 있는 아이들을 훼방 놓지 않았으면 좋겠어요. 이미 놀이를 시작한 지 한참 됐는데, 평화를 지킨다고 갑자기 다른 친구를 끼워 넣으니 불편했어요."

재호가 예승이를 바라보며 물었다.

"다 같이 놀면 재미있지 않아?"

"그럼 처음부터 같이 놀이를 시작해야지. 쉬는 시간이 짧은데 중간에 끼어들면 어떡해?"

이후로도 아이들의 이야기가 한참 이어졌다.

"자, 이제 결정할 시간이야. 우리에겐 두 가지 선택권이 있어."

선생님은 사뭇 진지한 표정이었다.

"첫 번째는 몇몇 아이들이 이야기한 것처럼 회장 선거를 다시 하는 거야. 실제로 투표 과정에 문제가 생겼거나 당선자의 자격에 문제가 있을 때 재선거를 하기도 해. 재선거를 하기 전에는 이 두 가지에 문제가 있는지 곰곰이 따져 봐야 하지."

"그럼 두 번째는요?"

지우가 참지 못하고 물었다.

"두 번째는 재호를 한 번 더 믿어 주는 거야. 선거라는 공식적인 절차를 거쳐서 너희 모두가 뽑은 대표잖아. 조금 부족하더라도 재호가 학급을 잘 이끌 수 있도록 옆에서 도와주는 거지. 가끔은 쓴소리도 하면서 말이야."

선생님의 말이 끝나자, 아이들은 저마다 골똘하게 생각하는 눈치였다. 유정이도 마찬가지였다.

'선거를 또 하면 재호의 마음이 아프지 않을까?'

'다시 당선된 회장에게 아이들은 불만이 없을까?'

'회장이 역할을 잘 못한다고 해서 선거를 다시 하는 게 옳은 일일까?'

유정이는 아빠의 말을 떠올렸다. 사람은 누구나 실수한다고. 처음부터 실수하지 않는 것도 중요하지만, 실수를 딛고 일어서서 더 나은 사람이 되려고 노력하는 과정이 필요하다고.

시계추처럼 이리저리 왔다 갔다 하던 유정이의 마음이 한 곳에 우뚝 멈춰 섰다.

"다들 결정을 내렸니?"

아이들이 천천히 고개를 끄덕였다.

"투표도 좋지만, 민주주의 사회에서는 토론과 타협을 통해 더 나은 결론을 만들어 나가는 과정도 중요하단다. 이 문제를 어떻게 해결해 나가면 좋을지 이야기해 보자."

선생님의 말이 끝나기 무섭게 여기저기서 아이들이 손을 들었다. 유정이는 이 사건이 재호에게, 아니 우리 반에 위기가 될지 기회가 될지 도통 모르겠다고 생각했다.

재호가 달라졌어요

"안녕, 좋은 아침이야!"

다음 날 아침, 재호가 교실에서 유정이와 수현이를 반갑게 맞이해 주었다. 평소 재호는 자주 늦잠을 자는 탓에 허둥지둥 학교에 오곤 했다. 유정이는 일찍 등교한 재호의 모습이 낯설기만 했다.

'어떻게 된 일이지?'

이미 교실 창문은 활짝 열려 있고, 불도 켜져 있었다.

"아차, 쓰레기가 있었네."

재호는 교실 뒤편에 떨어진 쓰레기를 얼른 치웠다. 수현이가 눈을 동그랗게 떴다.

"야, 오재호! 오늘 뭐 잘못 먹었어?"

"응? 무슨 뜻이야?"

"아니, 왜 평소에 안 하던 행동을 해?"

"아……."

재호가 머리를 긁적였다. 수업 시간에 장난칠 때와는 사뭇 다른 모습이었다.

"어제 집에 가서 곰곰이 생각해 봤어."

"뭘?"

"진정한 회장의 역할에 대해서 말이야."

재호의 말에 유정이도 관심이 생겼다. 어제 학급 회의는 재호에게 한 번 더 기회를 주는 방향으로 결정됐다. 회의 내내 긴장한 표정이던 재호는 결과가 나오자마자 "휴, 다행이야. 민주주의가 너무해."라며 울상을 지었다. 이 기회를 놓칠세라 도리는 재빨리 "회장이 너무한 건 아니고?"라며 반박했다. 재호와 도리의 모습을 본 아이들은 웃음을 터뜨리고 말았다.

재호는 민주주의 절차인 투표를 통해 당선되었고, 다시 한번 대화와 토론을 통해 친구들의 지지를 얻었다. 민주주의가 재호를 두 번이나 살렸는데, 재호는 왜 민주주의가 너무하다고 말했는지 알다가도 모를 일이었다. 어쨌거나 유정이는 재호가 말하려는 진정한 회장의 역할이 무엇인지 궁금했다.

"한동안 회장이 돼서 신났어. 친구들이 나를 뽑아 줘서 고마웠고, 내가 우리 반 대표라는 사실에 들떴지. 그래서 나름대로는 친구들이 좋아할 만한 일을 하려고 노력했어. 맛있는 간식, 재밌는 장난, 불만이 있는 친구 도와주기처럼. 그런데 말이야……."

"그런데?"

이번에는 유정이가 참지 못하고 말을 건넸다.

"그건 모두 우리 반을 위해서가 아니라 나를 위해서였더라고. 뭔가 돋보이고 근사해 보이고 싶었던 것 같아. 몇몇 친구들의 재미를 위해 노력했다고나 할까? 지금은 생각이 완전히 바뀌었어."

"어떻게?"

유정이의 물음에 재호는 잠시 뜸을 들였다.

"음……. 모두에게 도움이 되는 회장이 되고 싶어. 우리 반 친구들이 나로 인해 조금 더 편하고 즐겁게 학교생활을 했으면 좋겠어. 나를 두 번이나 믿어 줬잖아."

재호가 씨익 웃었다. 유정이는 재호가 웃음을 되찾은 것 같아 기분이 좋았다. 그래서 아침부터 창문을 열고, 교실 청소를 한 게 아닐까 싶었다.

"오재호, 이제야 철 들었네."

수현이는 재호의 머리카락을 헝클어 놓았다.

"철이라고?"

재호가 잠시 발끈했다.

재호는 어제의 일을 떠올렸다. 반 아이들이 모두 집에 가고 교실에 선생님과 재호만 남았다.

"오늘 속상했지?"

"네."

재호는 고개를 떨군 채 말했다.

"선생님은 재호를 믿어. 처음이라 시행착오가 있겠지만, 이런 과정을 거치면서 점점 더 잘해 나가리라고 본다."

"……."

"다만 재호에게 당부하고 싶은 게 있어."

"뭔데요?"

"회장은 보석처럼 빛나는 자리가 아니란다. 우리 반 학생들이 학교생활을 잘해 나갈 수 있도록 묵묵히 지켜 주는 굄돌 같은 존재지. 크고 화려한 공약도 좋지만, 우리 반을 위해 진정으로 필요한 행동이 무엇인지 생각해 보렴."

지난 사회 시간에 굄돌에 대해 배운 적이 있었다. 집을 지을 때 기둥이 쓰러지지 않도록 바닥에 고여 놓는 돌. 투박하고 못생겼지만, 집의 뼈대를 세우는 데 꼭 필요했다.

재호는 그제야 회장의 의미가 뭔지 알 것 같았다. 그리고 집에 가서 어떤 회장이 되어야 할지 진지하게 생각해 본 것이다.

"음, 철. 그래, 그럴 수도 있지."

수현이의 말에 잠시 발끈했던 재호는 심호흡을 두어 번 하다가 안정을 되찾았다. 예전처럼 쉽게 화를 내고, 아무렇지도 않게 장난치며 감정적으로 행동하기는 싫었다.

"어라, 우리 재호가 달라졌네."

수현이는 재호의 반응이 재밌는 눈치였다. 그런 재호와 수현이를 보면서 유정이는 쿡쿡 웃음이 나올 것만 같았다.

선생님과 아이들이 하나둘 교실에 도착했다.

"진짜 재호가 청소했어?"

"그럼. 내가 똑똑히 봤다니까."

"창문도 재호가 열고?"

"재호가 오늘 제일 일찍 왔더라고."

"이야! 오재호, 웬일이야?"

반 아이들은 재호의 달라진 모습이 신기한 모양이었다.

재호는 부끄러운 듯 얼

굴을 붉히더니, 다시 진지한 표정이 되었다.

"얼른 가방 정리하고 아침 활동 시작하자."

박시민 선생님처럼 말하는 재호의 모습에 아이들이 웃음을 터뜨렸다. 선생님도 재호를 바라보며 미소를 지었다.

'만약 선거를 다시 했으면 어땠을까?'

유정이는 고개를 가로저었다. 완벽한 사람도, 완벽한 민주주의도 없다. 어제의 선택이 앞으로 어떤 결과를 가져올지는 모르지만, 각자의 선택을 존중하고 서로 믿으면서 함께 행복한 반을 만들어 가는 게 더 중요할 거란 확신이 생겼다.

난생처음 한 회장 선거를 통해 유정이는 민주주의가 뭔지 어렴풋이 알 것만 같았다. 재호가 열어 놓은 창문으로 시원한 바람이 불어왔다.

바람 덕인지, 재호 덕인지, 민주주의 덕인지 유정이의 마음이 한결 가뿐해졌다.

01
선거를 다시 하기 위한 절차

우리나라에서 대통령 선거를 다시 하는 경우는 보통 큰 문제가 생겼을 때예요. 예를 들어, 선거 과정에서 부정행위가 있었거나, 뽑힌 사람이 임기를 채우지 못하고 대통령 일을 그만두게 되었을 때, 또는 당선자가 임기를 시작하기 전에 사망했을 때 등이에요. 이런 상황이 생기면 나라에서는 국민이 새로운 대통령을 뽑을 수 있도록 다시 선거를 치릅니다.

절차는 처음의 선거와 거의 비슷합니다. 대통령 선거를 다시 할 때는 국민의 선택이 제대로 반영될 수 있도록 더욱 꼼꼼히 준비해요. 선거를 다시 치르는 일은 혼란스러울 수도 있지만, 민주주의를 지키고 나라를 안정되게 운영하기 위해 꼭 필요한 과정이라고 볼 수 있습니다.

먼저, 중앙 선거 관리 위원회에서 선거일을 정해 공고해요. 그다음, 후보자가 되고 싶은 사람은 정해진 기간에 후보자 등록을 해요. 후보자가 되려면 일정한 나이, 국적, 그 외에 필요한 조건을 모두 충족해야 해요.

후보자 등록이 끝나면 정식 후보자들이 선거 운동을 할 수 있어요. 이때 법에서 정한 방법과 기간에만 홍보할 수 있고, 돈을 너무 많이 쓰지 않도록 하는 규칙이 있습니다.

선거일이 되면 국민들은 투표소에 가서 투표해요. 투표는 비밀로 하고, 누구든지 공정하게 참여할 수 있어야 하지요.

투표가 끝나면 개표소에서 투표함을 열어 표를 세어요. 가장 많은 표를 얻은 후보자가 새 대통령이 돼요.

새 대통령은 정해진 날에 취임식을 하고, 공식 임기를 시작합니다.

02
나라의 주인은 누구일까요?

우리가 사는 대한민국은 민주주의 나라예요. 헌법에 나와 있듯이, 민주주의의 가장 기본적이고 중요한 원칙은 '대한민국의 주권은 국민에게 있고, 모든 권력은 국민으로부터 나온다'입니다.

대통령은 나라에서 가장 높은 자리에 있는 것처럼 보이지만, 사실은 국민을 대신하고 국민을 위해 일하는 사람이에요. 대통령은 국민이 직접 뽑아 일을 맡긴 대표이지, 나라의 주인은 아니에요. 국민이 나라를 운영하는 큰 권한을 잠시 맡기는 것이고, 대통령은 국민의 의견을 잘 듣고 반영해서 나라를 이끌어야 해요.

이와 마찬가지로 학교에서도 학급의 주인은 회장이 아니라 학생들 모두예요. 학급 회장은 반 친구들이 투표로 뽑은 대표일 뿐이지요. 회장은 친구들의 의견을 모아 선생님께 전달하거나, 반을 위해 봉사하는 일을 맡는 사람이에요. 회장이 모든 것을 자기 마음대로 결정할 수는 없어요. 만약 회장이 친구들의 의견을 듣지 않고 자기 생각대로만 행동한다면 굳이 대표를 뽑을 이유도, 대표가 존재할 까닭도 사라지게 되지요.

따라서 우리는 선거할 때, 후보자가 공동체의 의견을 반영하여 잘 이끌어 갈 사람인지 판단해야 합니다. 그래야 대표가 맡은 일을 제대로 하고, 공동체의 구성원도 행복할 수 있어요.

선생님, 질문 있어요!

1 국민들이 목소리를 냈던 역사적으로 대표적인 사건이 있나요?

‘촛불 집회’는 국가 정책의 방향이 잘못되었다고 판단한 국민들이 평화롭게 의견을 표현한 방법입니다. 같은 생각을 가진 국민들이 손에 작은 촛불을 들고 거리로 모인 적이 있어요. 촛불은 어둠을 밝히는 빛처럼 국민의 희망과 바람을 상징하지요.

가장 잘 알려진 촛불 집회는 2016년에 열렸어요. 당시 대통령의 행동에 실망한 국민들은 촛불을 들고 거리로 나와 대통령의 책임을 바라는 목소리를 냈어요. 광화문 광장처럼 넓은 장소에 어린이부터 노인, 직장인, 학생까지 수많은 사람이 모여 함께 했지요.

촛불 집회의 가장 큰 특징은 ‘평화’입니다. 많은 사람이 모였지만 서로 질서를 지키고, 쓰레기도 치우며, 노래와 구호로 의견을 표현했어요. 뉴스와 신문을 통해 대한민국의 촛불 집회 소식을 들은 세계 여러 나라 사람들은 우리나라 국민의 성숙한 시민 의식을 칭찬했습니다.

결국 국민의 목소리는 헌법에 따라 받아들여졌고, 잘못을 한 대통령은 자리에서 물러나게 되었어요.
촛불 집회는 우리나라 민주주의 역사에서 매우 뜻깊은 사건입니다. 국민이 힘을 합쳐 평화롭게 목소리를 낼 수 있다는 사실, 국민이 나라의 주인이라는 사실을 확인한 순간이기도 하지요.

❷ 공약은 왜 지켜야 할까요?

첫째, 공약은 유권자들과의 약속이에요. 약속을 지키지 않으면 신뢰가 깨집니다. 대표가 공약을 지키지 않으면, 유권자들의 믿음을 잃게 돼요. 약속을 잘 지켜야 대표로서 신뢰를 얻을 수 있어요.

둘째, 공약은 공동체를 위해 필요한 일이에요. 공동체에 꼭 필요한 일이 무엇인지 검토하는 과정에서 공약이 나옵니다. 공약이 타당하고 구성원에게 도움이 된다고 느낄 때, 사람들은 해당 후보자를 선택하지요. 선거에서 당선된 사람이 공약을 지켜야 유권자들이 더 행복하게 살 수 있습니다.

셋째, 공약은 대표가 혼자 정하는 게 아니라 유권자들의 뜻을 반영해서 정하는 것입니다. 후보자는 선거 전에 유권자들의 의견을 듣고, 가장 많은 사람이 원하는 일을 공약으로 내세워요. 그러므로 공약을 지킨다는 것은 유권자들의 목소리를 존중한다는 의미이기도 합니다.

넷째, 공약은 민주주의를 건강하게 만드는 힘이에요. 만약 대표가 공약을 지키지 않아도 괜찮다고 생각한다면, 선거는 의미가 없어져요. 공약을 지킬 때 유권자들과 대표 사이에 신뢰가 생기고, 공동체가 발전할 수 있습니다.

간단한 활동

유정이네 반은 앞으로 어떤 모습일까요? 생각하는 위치에 ○ 하고 그 이유를 적어 봅시다.

유정이네 반은 앞으로 질서가 잘 지켜질까요?

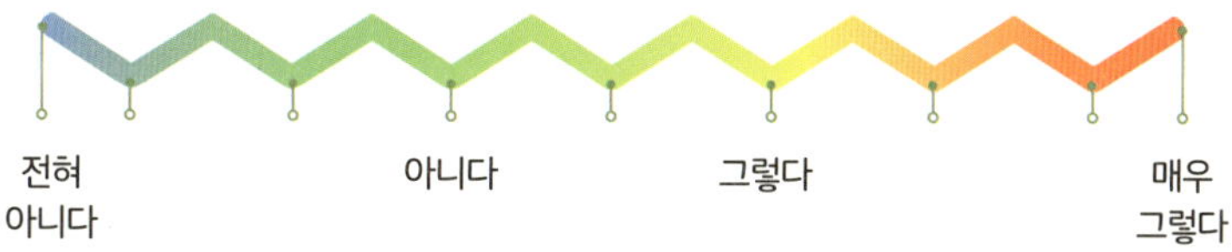

이유

작가의 말

아이들에게 민주주의를 설명할 때, 우리는 종종 제도와 원칙부터 이야기합니다. 하지만 아이들이 마주할 민주주의는 딱딱한 설명이나 정의가 아니라, 교실에서의 선택과 관계, 그 선택 이후의 시간을 살아가는 경험 속에 자리하고 있습니다. 저는 이 이야기를 통해 민주주의를 '배워야 할 개념'이 아닌, 아이들이 이미 일상 속에서 경험하고 있는 '삶의 모습'으로 전하고 싶었습니다.

학급 회장 선거는 많은 아이가 처음으로 경험하는 민주적 절차입니다. 후보자로 나설지 말지 고민하는 순간, 선거 벽보 앞에서 흔들리는 마음, 공약을 비교하며 친구들과 나누는 이야기, 투표용지에 도장을 찍는 짧은 순간까지. 이 과정들은 아이들 마음속에 조용하지만 또렷한 질문 하나를 남깁니다. '누가 우리 반을 이끌면 좋을까?', '나는 어떤 선택을 할까?' 민주주의는 이러한 질문을 통해 조금씩 자라납니다.

주인공 유정이는 목소리도 작고 늘 뒤에서 친구들을 바라보며 망설이는 아이입니다. 하지만 용기를 내어 선거에 출마하고, '해 보고 싶다'는 마음 하나로 한 걸음을 내딛습니다. 유정이를 통해 민주주의의 첫걸음은 자신의 생각과 마음을 표현하는 작은 용기임을 이야기하고 싶었습니다.

이야기 속 아이들은 서로 다른 리더의 모습을 보여 줍니다. 아이들이 한 교실 안에서 경쟁하고, 흔들리고, 때로 충돌하는 과정은 우리가 살아가는 사회의 축소판과도 같습니다. 민주주의 사회에는 하나의 정답 같은 리더가 있는 것이 아닙니다. 서로 다른 기준과 기대가 함께 존재한다는 사실을, 아이들 스스로 느끼길 바랐습니다.

그리고 선거가 끝난 이후의 이야기를 더욱 중요하게 다루고 싶었습니다. 선거는 결과가 발표되는 순간 끝이 아니라 시작이기 때문입니다. 중요한 것은 잘못된 선택을 탓하는 일이 아니라, 그 선택을 다시 생각해 보고 서로의 의견을 나누는 과정입니다. 리더란 무엇인지, 권리와 책임은 어떻게 함께 가야 하는지, 이미 끝난 선택을 우리는 어떻게 받아들이고 더 나은 방향으로 가야 하는지 말입니다.

이 책을 읽는 어린이들에게 여러분 한 사람 한 사람이 생각보다 훨씬 중요하다는 것, 여러분의 선택은 교실과 사회를 조금씩 바꾸는 힘이 있다는 사실을 꼭 말하고 싶습니다. 이 이야기가 아이들의 교실에서, 그리고 마음속에서 오래 머물며 작은 질문 하나를 남기길 바랍니다. 더불어 그 질문이 더 나은 공동체를 만드는 첫걸음이 되기를 기대합니다.

채봉윤

교실 속 작은 사회 ⑤ 선거와 투표

선거, 누구에게 투표해야 할까요?

초판 1쇄 발행 2026년 1월 9일

지은이 채봉윤
그린이 이승연
발행인 김형보
편집 최윤경, 강태영, 임재희, 홍민기, 강민영, 박지연, 김아영
마케팅 이연실, 김보미, 김민경, 고가빈 **디자인** 김지은, 박현민 **경영지원** 최윤영, 유현

발행처 어크로스출판그룹(주)
출판신고 2018년 12월 20일 제 2018-000339호
주소 서울시 마포구 동교로 109-6
전화 070-5080-4160(편집) 070-8724-5194(영업) **팩스** 02-6085-7676
이메일 across@acrossbook.com **홈페이지** www.acrossbook.com

ISBN 979-11-6774-262-9 (73300)

만든 사람들
편집 박지연, 김아영 **디자인** 김지은

* 어크로스주니어는 어크로스출판그룹(주)의 어린이책 브랜드입니다.